스페인어 **문법**
기초다지기

GRAMÁTICA ESPAÑOLA

스페인어 문법 기초다지기

| 이강국 · 성초림 · 김준한 · 곽재용 |

HU:¡NE

머리말

스페인과 라틴아메리카가 세계의 정치, 경제, 사회, 문화에 끼치는 영향력이 갈수록 확대되는 추세에 발맞추어 스페인어의 필요성 역시 날로 증가하고 있습니다. 각 대학교와 사회에서 전공으로든 교양으로든 스페인어를 배우고자 하는 사람들의 수가 크게 증가하고 있는 것도 그 때문일 것입니다.

본서의 목적은 수준에 상관없이 스페인어를 배우고자 하는 모든 이들의 학습 욕구를 두루 충족시킬 수 있는 <기초 문법 지침서> 역할을 하는 것입니다. 이 기본 취지에 따라 본서는 집필 방향을 다음과 같이 설정했습니다.

첫째, 대학교의 교양 수업에 적합한 수준을 유지하되 전공 초보자까지 포괄적으로 사용할 수 있도록 한다.

둘째, 문법사항 설명에만 국한하기보다는 다양한 예문을 통한 문법의 활용에 더 중점을 둔다.

셋째, 국내 학습자들의 실정에 맞는 문법 교육 순서를 체계화한다.

넷째, 스페인어 학습을 위한 기본적인 사항은 다른 책을 참고할 필요 없이 이 한 권으로 만족하게 한다. 즉 이 책 한 권을 충실히 학습하고 난 후에는 문법, 어휘, 구문 활용 등 스페인어 학습에 필요한 다양한 요소를 골고루 학습한 효과를 낼 수 있어야 한다.

이러한 집필 방향에 맞추어, 본서는 일단 기본적인 문법사항을 충실히 담았습니다. 또 각 문법 사항에 해당하는 실용적인 예문을 다수 수록

하고, 예문에는 다양한 어휘를 사용하여 기본 문법사항이 충분히 활용될 수 있도록 하였습니다. 스페인어와 우리말은 구조적으로 매우 상이합니다. 따라서 한국인이 가장 효과적으로 학습할 방법이 필요합니다. 본서에서 제시하는 순서에 따라 스페인어 문법을 하나씩 익혀나가면 분명 좋은 효과를 거두게 될 것입니다.

　새로운 외국어를 하나 알게 된다는 것은 그동안 알지 못했던 새로운 세상을 발견하게 되는 것과 같습니다. 미지의 세계를 향해 눈을 뜨는 것과 같다고나 할까요. 더욱이 그 언어가 전 세계 20여 개 나라에서 4억이 넘는 인구가 사용하고 있고, 미국에서도 히스패닉 인구가 이미 5천만 명이 넘었으니 더 말할 나위가 없을 것입니다. 첫 장부터 하나하나 꼼꼼히 짚어가며 공부해가다 보면 어느새 이베리아 반도와 광활한 라틴아메리카 대륙이 성큼 가까이 다가와 있는 것을 느끼게 될 것입니다. 학습자 여러분의 건승을 기원합니다.

2018년 3월
저자 일동

목차

제 **22** 과

부록

철자와 발음, 강세의 위치

스페인어의 철자는 모음 5개, 자음 22개로 모두 27개이다. 발음 시 주의할 것은 p, t, k를 된소리인 [ㅃ, ㄸ, ㄲ]로 발음해야 한다는 것이다.

1. 철자

대문자	소문자	명칭	대문자	소문자	명칭
A	a	a [아]	Ñ	ñ	eñe [에녜]
B	b	be [베]	O	o	o [오]
C	c	ce [쎄]	P	p	pe [뻬]
D	d	de [데]	Q	q	cu [꾸]
E	e	e [에]	R	r	erre [에레]
F	f	efe [에페]	S	s	ese [에세]
G	g	ge [헤]	T	t	te [떼]
H	h	hache [아체]	U	u	u [우]
I	i	i [이]	V	v	uve [우베]
J	j	jota [호따]	W	w	uve doble [우베 도블레]
K	k	ka [까]	X	x	equis [에끼스]
L	l	ele [엘레]	Y	y	ye [예]
M	m	eme [에메]	Z	z	zeta [쎄따]
N	n	ene [에네]			

2.1. 모음

a, e, i, o, u 5개로 각각 [아], [에], [이], [오], [우]로 발음한다.

2.2. 자음

1) B b [b]: [ㅂ]로 발음한다.

bebida	Bogotá	brisa
베비다	보고따	브리사

2) C c [k]: 모음 a, o, u와 모든 자음 앞에서는 [ㄲ]로 발음한다.

casa	Corea	Cuba	Clara
까사	꼬레아	꾸바	끌라라

[θ]: 모음 e와 i 앞에서는 혀끝을 아랫니와 윗니 사이에 두어 치간음 [ㅆ]로 발음한다.

cena	Barcelona	gracias	canción
세나	바르셀로나	그라시아스	깐시온

스페인의 일부와 대부분의 라틴 아메리카 지역에서는 치경음 [s]로 발음하기도 한다.

ch [c]: [ㅊ]로 발음한다. 입술이 둥글게 되지 않는 것이 영어와 다르다.

China	chorizo	muchacho
치나	초리소	무차초

3) D d [d]: [ㄷ]으로 발음한다.

ciudad	dedo	Rodrigo
시우닷	데도	로드리고

4) F f [f]: 영어의 [f]처럼 발음한다.

fiesta	fútbol	Florida
피에스따	풋볼	플로리다

5) G g [g]: 모음 a, o, u와 자음 앞에서는 [ㄱ]로 발음한다.

gato	amigo	Guatemala	inglés
가또	아미고	구아떼말라	잉글레스

[x]: 모음 e와 i앞에서는 [ㅎ]로 발음한다.

gente	general	gitano	gigante
헨떼	헤네랄	히따노	히간떼

gue-, gui-: [게], [기]로 발음한다.

Guernica	Guillermo
게르니까	기예르모

güe-, güi-: [구에], [구이]로 발음한다.

vergüenza	lingüística
베르구엔사	링구이스띠까

6) H h [Ø]: 발음하지 않는다.

hacha	hermano	hombre
아차	에르마노	옴브레

7) J j [x]: ge-와 gi-처럼 [ㅎ]로 발음한다.

jabón	Jesús	joven
하본	헤수스	호벤

8) K k [k]: 위의 ca-, co-, cu-와 동일한 발음 [ㄲ]이다. 주로 외래어를 표기할 때 사용된다.

kilogramo	kilolitro	kilómetro
낄로그라모	낄로리뜨로	낄로메뜨로

9) L l [l]: [ㄹ]로 혀끝은 진동하지 않는다.

largo	California	lugar
라르고	깔리포르니아	루가르

ll [ʎ]: 발음은 [야, 예, 이, 요, 유]로 발음한다.

paella	calle	llorar
빠에야	까예	요라르

10) M m [m]: [ㅁ]으로 발음한다.

mamá	mesa	nombre
마마	메사	놈브레

11) N n [n]: [ㄴ]로 발음한다.

nación	noche	elefante	bien
나시온	노체	엘레판떼	비엔

[ŋ]: [ㄱ], [ㄲ], [ㅎ] 발음 앞에서는 [ㅇ]로 발음한다.

Góngora	Cancún	banco	ángel
공고라	깡꾼	방꼬	앙헬

12) Ñ ñ [ɲ]: [냐, 녜, 니, 뇨, 뉴]로 발음한다.

España	muñeca	otoño
에스빠냐	무녜까	오또뇨

13) P p [p]: [ㅃ]로 발음한다.

papá	Pedro	plata
빠빠	뻬드로	쁠라따

14) Q q [k]: [께]와 [끼] 발음을 표기할 때만 각각 que-와 qui-로 쓰인다.

qué	queso	quién
께	께소	끼엔

[까], [꼬], [꾸]는 각각 ca-, co-, cu-로 표기한다.

15) R r [r]: [ㄹ]로 발음한다.

pero	caro	pared	primo
뻬로	까로	빠렛	쁘리모

rr는 [ᄅ ㄹ]로 혀끝을 한 번 더 굴려 발음한다.

arroz	guitarra	perro	carro
아ᄅ로스	기따ᄅ라	뻬ᄅ로	까ᄅ로

r가 어두나 l, n, s 등의 자음 뒤에 출현할 때도 [ᄅ ㄹ]로 발음된다.

rosa	alrededor	Enrique	Israel
ᄅ로사	알ᄅ레데도르	엔ᄅ리께	이스ᄅ라엘

16) S s [s]: 치경음 [ㅅ]로 발음한다.

semana	siesta	tesoro
세마나	시에스따	떼소로

17) T t [t]: [ㄸ]로 발음한다.

televisión	tú	Toledo
뗄레비시온	뚜	똘레도

18) V v [b]: 앞의 b와 동일하게 [ㅂ]로 발음한다.

¡vale!	victoria	favor
발레	빅또리아	파보르

19) W w [w]: [ㅜ]로 발음한다. 주로 외래어를 표기할 때 사용된다.

Washington	waterpolo	whisky
와싱똔	와떼르뽈로	위스끼

20) X x: 다음 세 가지로 발음한다.

[ks]: examen 엑사멘	taxi 딱시	texto 떽스또
[x]: México 메히꼬	Texas 떼하스	
[s]: xilófono 실로포노		

21) Y y [y]: [ㅣ]로 발음한다.

yo	Yucatán	Paraguay
요	유까딴	빠라구아이

22) Z z [θ]: ci-, ce-와 동일하게 치간음 [ㅆ]로 발음한다.

zanahoria	zorro	zumo
싸나오리아	쏘ᴿ로	쑤모

스페인의 일부와 대부분의 라틴 아메리카 지역에서는 치경음 [s]로 발음하기도
한다.

3. 강세의 위치

  강세의 위치에 따라 단어의 의미가 달라질 수 있으므로 매우 중요하
다. 강세 음절은 주변 음절들 보다 더 높고 길게 발음한다. 대체적인
강세 규칙은 다음과 같다.

1) 모음 또는 자음 -n, -s로 끝나는 단어는 뒤에서 두 번째 음절 모음에 강세가 놓
  인다.

pla-za	hom-bre	cho-ri-zo
jo-ven	e-xa-men	i-ma-gen
lu-nes	mar-tes	jue-ves

2) -n, -s를 제외한 자음으로 끝나는 단어는 끝음절 모음에 강세가 놓인다.

Ma-drid	re-loj	ho-tel
a-mor	U-ru-guay	ma-tiz

3) 예외가 되는 단어들은 강세를 표시한다.

sá-ba-do	ca-fé	au-to-bús
fá-cil	dí-a	a-diós

1. 이중모음은 하나의 모음처럼 취급된다. 이중모음이란 「열린모음(a, e, o) + 닫힌모음(i, u)」 또는 「닫힌모음 + 열린모음」 연속체이다.

gra-cias	pa-la-cio
an-ti-guo	pa-ra-guas

이중모음 위에 강세가 놓이는 경우에는 열린 모음을 강하게 읽는다.

ai-re	cau-sa
eu-ro	boi-na

「닫힌모음 + 닫힌모음」 연속체도 이중모음으로 취급되며 뒷모음에 강세가 부여된다.

hui-da	viu-da

2. 「닫힌모음 + 열린모음 + 닫힌모음」 연속체인 삼중모음도 한 음절로 취급된다.

ac-tuáis	cam-biáis

3. 「열린모음 + 열린모음」 연속체는 각각 독립된 음절로 취급된다.

bo-a	ca-os
Co-re-a	le-er
pa-e-lla	tor-ne-o

GRAMÁTICA ESPAÑOLA

제 **1** 과

   정관사와 부정관사는 각각 남성과 여성, 단수와 복수형으로 구성된다. 수식하는 명사 앞에 위치하며 명사와 성과 수가 일치해야 한다. 정관사는 일반적으로 이미 알고 있는 명사를 가리킬 때 쓰이거나 해당 종류를 대표하기도 한다. 부정관사는 수에 따라 '하나의' 또는 '몇몇의'라는 의미를 갖거나, 정해지지 않은 대상을 가리킬 때 쓰인다.

[정관사]

성 ＼ 수	단수	복수
남성	el	los
여성	la	las

[부정관사]

성 ＼ 수	단수	복수
남성	un	unos
여성	una	unas

1.2 명사의 성과 수

1.2.1. 명사의 성

1) 자연성(自然姓)을 제외하고, -a로 끝나는 명사는 대체로 여성이다.

   el padre 아버지   la madre 어머니

   un hombre 남자 한 명   una mujer 여자 한 명

la estrella 별   la luna 달

una casa 집 한 채   una rosa 장미 한 송이

예외

1. -a로 끝나는 남성 명사들

el aroma 향기   el clima 기후

el día 일(日)   el dilema 딜레마

el drama 드라마   el mapa 지도

el planeta 행성   el problema 문제

el programa 프로그램   el tema 주제

2. a로 시작되며 첫 음절에 강세가 있는 여성 명사는 단수형에서 각각 el과 un을 취한다.

el agua 물   el hambre 배고픔

un águila 독수리 한 마리   un arma 무기 한 정

2) -o로 끝나는 명사들은 대부분 남성이다.

el almuerzo 점심   el museo 박물관

un libro 책 한 권   un teléfono 전화기 한 대

-o나 자음으로 끝나는 자연성의 남성 명사들은 대체로 어미를 -a로 바꾸거나 -a를 첨가해 여성형을 만든다.

 el amigo 남자 친구   la amiga 여자 친구

un alumno 남학생 한 명   una alumna 여학생 한 명

el español 스페인 남자   la española 스페인 여자

un profesor 남자 교수 한 명   una profesora 여교수 한 명

el alemán 독일 남자   la alemana 독일 여자

un inglés 영국 남자 한 명   una inglesa 영국 여자 한 명

el francés 프랑스 남자   la francesa 프랑스 여자

un bailarín 남자 무용가 한 명   una bailarina 여자 무용가 한 명

예외

-o로 끝나는 여성 명사들

la foto 사진   la mano 손

la moto 오토바이   la radio 라디오

3) -ción, -ad, -umbre, -ie 등으로 끝나는 명사들은 대체로 여성이다.

la canción 노래   la amistad 우정

la cumbre 정상   la superficie 표면

주의

1. 동일한 형태의 명사가 관사를 달리하여 성을 구분하는 것들도 있다.

el cantante 남자 가수   la cantante 여가수

el estudiante 남학생   la estudiante 여학생

el periodista 남자 기자   la periodista 여기자

2. 남성과 여성의 형태가 다른 것들도 있다.

el actor 남자 배우   la actriz 여배우

el príncipe 왕자   la princesa 공주

el rey 왕   la reina 여왕, 왕후

el toro 숫소   la vaca 암소

1.2.2. 복수 만들기

1) 모음으로 끝나는 경우에는 -s를 붙인다.

el hombre 남자   los hombres 남자들

la casa 집   las casas 집들

un vaso 한 컵   unos vasos 여러 개의 컵

una copa 한 잔   unas copas 여러 개의 잔

el café 커피   los cafés 커피들

el sofá 소파   los sofás 소파들

un café 커피 한 잔   unos cafés 커피 여러 잔

un sofá 소파 한 개   unos sofás 소파 여러 개

주의

모음 -í와 -ú로 끝나는 명사 복수형 만들기

1) '-s'를 붙이는 경우.

el menú 메뉴   los menús 메뉴들

el champú 샴푸   los champús 샴푸들

2) '-es'를 붙이는 경우.

el israelí 이스라엘 사람   los israelíes 이스라엘 사람들

el marroquí 모로코 사람   los marroquíes 모로코 사람들

3) '-s'나 '-es' 모두 가능한 경우.

el rubí 루비   los rubíes, los rubís 루비들

el bambú 대나무   los bambúes, los bambús 대나무들

2) 자음으로 끝나는 경우에는 -es를 붙인다.

el hotel 호텔	los hoteles 호텔들
la flor 꽃	las flores 꽃들
una ciudad 하나의 도시	unas ciudades 여러 도시들
un reloj 시계 한 개	unos relojes 시계 여러 개

다음의 경우에는 강세 표시의 변화에 주의해야 한다.

el joven 젊은이	los jóvenes 젊은이들
la razón 이유	las razones 이유들
un examen 시험 한 번	unos exámenes 여러 번의 시험
un francés 프랑스 남자 한 명	unos franceses 여러 명의 프랑스 사람들

-s로 끝나는 단어들 중 끝 음절에 강세가 없는 단어들은 단·복수의 형태가 동일하다.

el cumpleaños 생일	los cumpleaños 생일들
el lunes 월요일	los lunes 매주 월요일
el paraguas 우산	los paraguas 우산들

3) a로 시작되며 첫 음절에 강세가 있는 여성 명사의 경우 복수형에서는 정상적인 정·부정관사 형태를 취한다.

el águila 독수리	las águilas 독수리들
el hacha 도끼	las hachas 도끼들
un arma 무기 한 정	unas armas 여러 정의 무기
un arpa 하프 한 대	unas arpas 여러 대의 하프들

1. 빈칸에 알맞은 정·부정관사의 단수형을 넣으시오.

[정관사]

1) _____ mapa   2) _____ día

3) _____ luna   4) _____ agua

5) _____ ciudad   6) _____ martes

7) _____ estudiante   8) _____ periodista

9) _____ rosa   10) _____ flor

[부정관사]

1) _____ canción   2) _____ hombre

3) _____ mujer   4) _____ paraguas

5) _____ española   6) _____ amigo

7) _____ modelo   8) _____ estadounidense

9) _____ madre   10) _____ chaqueta

2. 다음 단어들의 복수형을 쓰시오.

1) canción → _____   2) lunes → _____

3) café → _____   4) joven → _____

5) hotel → _____   6) inglés → _____

7) chico → _____   8) profesor → _____

9) ciudad → _____   10) reloj → _____

Nota

GRAMÁTICA ESPAÑOLA

제 **2** 과

[인칭대명사 주격]

단수	복수
yo	nosotros, nosotras
tú	vosotros, vosotras
él, ella, Ud.	ellos, ellas, Uds.

[소유형용사 전치형]

단수		복수	
mi	nuestro nuestra	mis	nuestros nuestras
tu	vuestro vuestra	tus	vuestros vuestras
su	su	sus	sus

Ud.은 usted '당신', Uds.는 ustedes '당신들'의 약자이다. 의미상은 2
인칭이지만 문법적으로는 3인칭 동사 변화형을 취한다.

소유형용사 전치형은 해당 명사 앞에 위치하며 이 명사와 성·수가
일치해야 한다.

mi libro 나의 책　　　　　　　　mis libros 나의 책들

tu casa 너의 집　　　　　　　　tus casas 너의 집들

su libro 당신(그, 그녀)의 책　　　sus libros 당신(그, 그녀)의 책들

nuestra casa 우리들의 집　　　　nuestras casas 우리들의 집들

vuestro libro 너희들의 책　　　　vuestros libros 너희들의 책들

su casa 당신들(그들, 그녀들)의 집　sus casas 당신들(그들, 그녀들)의 집들

'~이다, ~있다'라는 의미의 동사들로써 주어의 속성이나 상태 등을 나타낼 때 쓰인다. 동사는 주어의 인칭과 수에 따라 변하기 때문에 동사 변화형만으로도 주어를 알 수 있는 경우에는 주어를 생략할 수 있다.

2.2.1. ser: '～ 이다'

ser		
	단수	복수
1인칭	soy	somos
2인칭	eres	sois
3인칭	es	son

주어의 출신, 소속, 신분, 직업이나 비교적 「본질적인 속성」을 표현할 때 사용된다.

Soy coreano. 나는 한국 사람이다.

Ella es española. 그녀는 스페인 사람이다.

Ellos son mis estudiantes. 그들은 나의 학생들이다.

Tu padre es médico. 너의 아버지는 의사이다.

María es guapa. 마리아는 예쁘다.

Seúl es muy grande. 서울은 매우 크다.

또한 전치사 de와 함께 쓰여 주어의 출신, 소유, 재료 등을 나타낸다.

¿De dónde eres? 너는 어디 출신이니?

- Soy de Corea. 한국 출신이야.

¿De quién es el libro? 그 책은 누구의 것이니?

- Es de Juan. 후안의 것이야.

¿De qué es la mesa? 그 책상은 무엇으로 만들어져 있니?

-Es de madera. 목재로 만들어져 있어.

2.2.2. estar: '~있다', '~에 위치하다'

estar		
	단수	복수
1인칭	estoy	estamos
2인칭	estás	estáis
3인칭	está	están

주어의 일시적인 「상태」나 「위치」 등을 표현할 때 사용된다. 「상태」를 나타내는 형용사는 주어의 성·수에 일치해야 한다. 「위치」를 나타낼 때는 해당 전치사구나 부사를 동반한다.

¿Cómo está Ud.? 어떻게 지내십니까?

- Estoy bien, gracias. 잘 지냅니다. 고맙습니다.

¿Qué tal? 어떻게 지내니?

- Estoy cansado. 피곤해.

Estamos contentos. 우리는 만족한다.

Su teléfono está ocupado. 그/그녀의 전화는 통화중이다.

La silla está libre. 의자는 비어 있다.

La puerta está abierta. 문은 열려있다.

¿Dónde están ellos? 그들은 어디에 있니?

- Están en casa. 집에 있어.

2.3 지시 형용사

este '이'는 「화자에게 가까운 것」을, ese '그'는 「청자에게 가까운 것」을, aquel '저'는 「화자와 청자 모두에게 먼 것」을 가리킬 때 사용된다. 해당 명사 앞에 위치하며 항상 성·수 일치에 주의해야 한다. 해당 명사의 성과 수에 따라 다음과 같이 변한다.

성＼수	este		ese		aquel	
	단수	복수	단수	복수	단수	복수
남성	este	estos	ese	esos	aquel	aquellos
여성	esta	estas	esa	esas	aquella	aquellas

Esta casa es de mi abuelo. 이 집은 나의 할아버지 것이다.

Este teléfono móvil es de mi hermano. 이 휴대전화는 내 형의 것이다.

Estos coches son de Corea. 이 차들은 한국산이다.

Ese señor es nuestro profesor de español.
그 분은 우리 스페인어 선생님이다.

Esas señoritas están en el comedor. 그 아가씨들은 식당에 있다.

Esos chicos son mis amigos. 그 소년들은 나의 친구들이다.

Aquel televisor es de China. 저 텔레비전 수상기는 중국산이다.

Mi ordenador portátil está en aquella mesa.
나의 노트북 컴퓨터는 저 책상 위에 있다.

Aquellas muchachas son mis primas.
저 소녀들은 나의 사촌들이다.

주의

관사의 변화에 준해 강세가 있는 a로 시작되는 여성 단수 명사 앞에서 esta, esa, aquella를 각각 este, ese, aquel로 바꾸는 경우가 있는데, 이는 올바른 것이 아니다.

esta agua (o)   este agua (x)
esa águila (o)   ese águila (x)
aquella hacha (o)   aquel hacha (x)

1. 빈칸에 ser와 estar를 구분해 직설법 현재 시제로 변화시켜 넣으시오.

1) Yo   estudiante.

2) Tú   cansada.

3) Ella   guapa.

4) ¿Cómo   tú? -Bien, gracias.

5) El teléfono   ocupado.

6) Yo   de Corea.

7) Madrid   grande.

8) La ventana   cerrada.

9) ¿Dónde   el metro?

10) ¿Cómo   Pedro? -Alto y simpático.

1) (이) ░░░░░░░░░ casa es de mi amigo.

2) (저) ░░░░░░░░░ señora es mi hermana mayor.

3) (그) ░░░░░░░░░ radio es de Japón.

4) (이) ░░░░░░░░░ agua es potable.

5) (그) ░░░░░░░░░ águila es rápida.

6) (저) ░░░░░░░░░ mesas son de madera.

7) (저) ░░░░░░░░░ ordenador es nuevo.

8) (이) ░░░░░░░░░ bolígrafos son de Corea.

9) (저) ░░░░░░░░░ perros son de mi abuela.

10) (이) ░░░░░░░░░ señoritas están alegres.

GRAMÁTICA ESPAÑOLA

제 **3** 과

부정사의 어미 형태에 따라 편의상 1변화(-ar), 2변화(-er), 3변화
(-ir)로 구분한다. 인칭과 수에 따른 변화는 다음과 같다.

hablar (말하다)		comer (먹다)		vivir (살다)	
hablo	hablamos	como	comemos	vivo	vivimos
hablas	habláis	comes	coméis	vives	vivís
habla	hablan	come	comen	vive	viven

다음 동사들은 위와 동일한 어미변화를 보이는 동사들이다.

1) 제 1변화 규칙 동사

amar (사랑하다), bailar (춤추다), bajar (내려가다), buscar
(찾다), cantar (노래하다), comprar (구매하다), dejar (놓다),
desear (바라다), enseñar (가르치다), entrar (들어가다),
estudiar (공부하다), llamar (부르다), llegar (도착하다), llevar
(가져가다), mirar (바라보다), practicar (연습하다), tocar
(만지다), tomar (잡다)

2) 제 2변화 규칙 동사

aprender (배우다), beber (마시다), comprender (이해하다),
creer (믿다), deber (~ 해야만 한다), leer (읽다), vender (팔다)

3) 제 3변화 규칙 동사

abrir (열다), cubrir (덮다), descubrir (발견하다), escribir (쓰다), subir (올라가다).

¿Habla Ud. español? 스페인어 할 줄 아십니까?

Tú hablas bien español. 너는 스페인어를 잘한다.

José toca la guitarra y María canta.
호세는 기타를 치고 마리아는 노래를 부른다.

Juan y María bailan bien el tango. 후안과 마리아는 탱고를 잘 춘다.

Estudiamos economía. 우리는 경제학을 공부한다.

Aprendemos español. 우리는 스페인어를 배운다.

Leo *Don Quijote*. 나는 돈끼호떼를 읽는다.

Comemos después de la clase de conversación.
우리는 회화 수업 후에 밥을 먹는다.

Ellos venden libros. 그들은 책들을 판다.

Escribo una carta a mi profesora. 나는 나의 선생님께 편지 한 통을 쓴다.

¿Vives en Seúl? 너는 서울에 사니?

Ella abre la ventana. 그녀는 창문을 연다.

Subimos a la montaña. 우리는 등산을 한다.

3.2.1. 명사 뒤에 위치하는 형용사

명사 앞에 위치하는 한정 형용사와는 달리, 품질 형용사는 일반적으로 명사 뒤에 위치한다. 형용사는 해당 명사와 성과 수가 일치해야 한다.

Eres un chico muy inteligente. 너는 매우 똑똑한 소년이다.

Esa señora guapa y simpática es mi abuela.
그 예쁘고 상냥한 부인은 나의 할머니이다.

Aquella chica alta es una cantante muy famosa.
저 키 큰 소녀는 매우 유명한 가수이다.

Leemos los libros interesantes. 우리는 재미있는 책들을 읽는다.

Esos niños alegres son mis sobrinos.
그 쾌활한 아이들은 나의 조카들이다.

La Ciudad de México es una ciudad muy grande.
멕시코시티는 매우 큰 도시이다.

3.2.2. 명사 앞에 위치하는 형용사의 어미 탈락

형용사는 명사 뒤에 위치하는 것이 일반적이다. 그러나 소유, 지시, 수량 등의 한정 형용사와 일부 품질 형용사는 명사 앞에 위치하며, 다음과 같은 환경에서 어미가 탈락된다.

1) 남성 단수 명사 앞에서만 어미가 탈락되는 것:

   un(o), buen(o), mal(o), algún(o), ningún(o), primer(o), tercer(o)

   Él es un buen amigo. 그는 좋은 친구이다.

   Él está de mal humor. 그는 기분이 좋지 않다.

   Hoy es el primer día de abril. 오늘은 4월 1일이다.

2) 남성이든 여성이든, 단수 명사 앞에서만 어미가 탈락되는 것: gran(de)

   gran hombre 위대한 남자   grandes hombres 위대한 남자들

   gran mujer 위대한 여자   grandes mujeres 위대한 여자들

3) 남성이든 여성이든, 모든 명사 앞에서 어미가 탈락되는 것: cien(to)

   cien hombres 백 명의 남자들 / cien mujeres 백 명의 여자들

4) 일부 남성 단수 앞에서만 어미가 탈락되는 것: san(to)

   San Diego 산 디에고   San Francisco 산 프란시스코

   San José 산 호세   San Juan 산 후안

🏠 비교

   Santo Domingo 산토 도밍고
   Santo Tomás 산토 토마스
   ¡Santo cielo! 하느님 맙소사!

3.2.3. 위치에 따라 의미가 달라지는 형용사

el hombre pobre 가난한 사람   el pobre hombre 불쌍한 사람

la mujer grande 몸집이 큰 여자   la gran mujer 위대한 여자

la casa nueva 새로 지은 집   la nueva casa 새로 이사한 집

el amigo viejo 나이 든 친구   el viejo amigo 오래된 친구

1. 괄호 안의 동사를 직설법 현재 시제로 알맞게 변화시키시오.

1) ¿ (hablar) tú español?

2) Nosotros (estudiar) mucho en la clase.

3) Ellos (cantar) las canciones mexicanas.

4) Vosotros (aprender) español.

5) Ella (comer) la paella.

6) Yo (entrar) en casa.

7) Uds. (vivir) en Seúl.

8) Tú (escribir) la carta.

9) Nosotros (abrir) la ventana.

10) Vosotros (beber) la cerveza.

2. 다음 문장에서 문법적으로 틀린 부분을 바르게 고치시오.

1) Eres uno bueno amigo.

2) Eres mi primero amigo de la universidad.

3) Él es un grande hombre.

4) Ella no es amable. Es mal.

5) Ella es un buen chica.

6) Alguno hombre es muy listo.

7) San Domingo es la capital de la República Dominicana.

8) Juan lleva ciento euros.

3. 다음 표현들의 복수형을 쓰시오.

1) un actor feliz →

2) ese chico español →

3) la casa grande →

4) aquella niña guapa →

5) un alumno francés →

6) la mamá simpática →

7) esta señorita amable →

8) el caballo blanco →

9) aquel rubí hermoso →

10) el problema fácil →

4. 다음 표현들의 뜻을 쓰시오.

1) la casa nueva

2) el hombre pobre

3) la mujer grande

4) el pobre hombre

5) la gran mujer

6) el viejo amigo

7) la nueva casa

8) el amigo viejo

GRAMÁTICA
ESPAÑOLA

제 **4** 과

4.1 불규칙 동사들의 직설법 현재 1

4.1.1. 어간 모음 o 〉ue 변화 동사

poder (~할 수 있다)	
puedo	podemos
puedes	podéis
puede	pueden

¿Puedo entrar? 들어가도 될까요?

Ya podéis leer español bastante bien.
너희들은 이미 스페인어를 꽤 잘 읽을 수 있다.

Esta tarde podemos tomar una copa juntos.
오늘 오후 우리는 함께 한잔 할 수 있다.

다음 동사들에서도 어간 모음 o가 ue로 변한다.

almorzar (점심 먹다), costar (비용이 들다), dormir (자다),
encontrar (찾아내다), recordar (기억하다), volver (돌아가다)

Yo recuerdo tu nombre. 나는 너의 이름을 기억한다.

¿Cuándo almorzáis? 너희들 언제 점심을 먹니?

- Almorzamos a mediodía. 우리는 정오에 점심을 먹어.

¿Cuánto cuesta esta falda? 이 치마는 얼마입니까?

- Cuesta 50 euros. 50유로입니다.

El bebé duerme en la cuna. 아기는 요람에서 잔다.

타동사의 직접목적어가 구체적인 사람일 경우 목적어 앞에 전치사 a를 첨가한다.

Encontramos a Pedro en la cafetería. 우리는 카페에서 페드로를 만난다.

jugar도 어간 모음은 다르지만 이와 동일한 변화 양상을 보인다. 즉 모든 단수와 3인칭 복수에서 u가 ue로 이중모음화 된다. 뒤에「운동 종목」이 나오면 전치사 a를 동반한다.

Juego al béisbol con mis amigos.
나는 친구들과 야구를 한다.

Ella juega al tenis muy bien.
그녀는 테니스를 매우 잘 친다.

Esta tarde jugamos al fútbol en la cancha.
우리는 오늘 오후에 운동장에서 축구를 할 것이다.

주의

전치사 a나 de와 정관사 el이 연속되는 경우에는 각각 al과 del로 축약된다.

Podemos ir al concierto. 우리는 콘서트에 갈 수 있다.
Su casa está cerca del parque. 그의 집은 공원 근처에 있다.

4.1.2. 어간 모음 e 〉ie 변화 동사

querer (좋아하다, ~하고 싶다)	
quiero	queremos
quieres	queréis
quiere	quieren

Ella quiere a sus hijos. 그녀는 자식들을 사랑한다.

Quiero hablar bien español. 나는 스페인어를 잘 하고 싶다.

Queremos aprender mucho en la clase.
우리는 수업에서 많은 것을 배우길 원한다.

다음 동사들에서도 어간 모음 e가 ie로 변한다.

comenzar (시작하다), empezar (시작하다), entender (이해하다),
pensar (생각하다), perder (잃다), preferir (선호하다)

La clase empieza dentro de diez minutos.
수업은 10분 이내에 시작한다.

Isabel entiende bien el inglés y el francés.
이사벨은 영어와 프랑스어를 잘 이해한다.

Solo pienso en ella. 나는 그녀 생각만 한다.

Muchos alumnos pierden el tiempo. 많은 학생들은 시간을 허비한다.

Prefiero el té verde al café. 나는 커피보다는 녹차를 선호한다.

Comenzamos a estudiar español. 우리는 스페인어를 공부하기 시작한다.

querer는 전치사 없이 부정사를 목적어로 취할 수 있다. 그러나 comenzar와 empezar는 전치사 a를 동반한다. 이처럼 부정사를 목적어로 취할 때 전치사를 동반하는 것도 있고 동반하지 않는 것도 있으니 유의해야 한다.

4.1.3. 어간 모음 e 〉 i 변화 동사

pedir (요청하다)	
pido	pedimos
pides	pedís
pide	piden

Juan pide una pizza. 후안은 피자를 하나 주문한다.

다음 동사들에서도 어간 모음 e가 i로 변한다.

repetir (반복하다), seguir (계속하다), servir (쓰이다, 봉사하다)

La profesora repite la pregunta despacio.
선생님은 질문을 천천히 반복하신다.

Ella sigue el consejo de sus padres.
그녀는 부모님의 충고를 따른다.

¿Para qué sirve esta máquina?
이 기계는 무엇에 쓰이는 것인가요?

haber의 3인칭 단수 변이형인 hay는 estar와 더불어「존재」를 나타낼 때 쓰인다. 특정적인 의미의 명사구는 estar와, 비특정적 의미의 명사구는 hay와 함께 쓴다. 따라서 hay 다음에「정관사」를 동반한 명사나「고유명사」등은 나타날 수 없다.

Los libros están en la mesa. 그 책들은 탁자 위에 있다.

La Pirámide del Sol está en México. 태양의 피라밋은 멕시코에 있다.

Hay un ordenador en la clase. 교실에 컴퓨터가 한 대 있다.

Hay bolígrafos en el escritorio. 책상 위에 볼펜들이 있다.

Hay muchas personas en la calle. 거리에 많은 사람들이 있다.

1. 괄호 안의 동사를 직설법 현재 시제로 알맞게 변화시키시오.

1) ¿ _____ (poder) tú leer el libro en voz alta?

2) ¿Cuánto _____ (costar) esta falda?

3) ¿Cuándo _____ (volver) Ud. a casa?

4) El profesor _____ (repetir) la pregunta.

5) Ellos _____ (jugar) al fútbol.

6) Yo _____ (pedir) un taxi.

7) Nosotros _____ (seguir) el consejo del profesor.

8) Yo _____ (pensar) salir esta noche.

9) La clase _____ (empezar) ahora.

10) Muchos alumnos _____ (perder) el tiempo.

11) Nosotros _____ (entender) bien la lección.

12) Ella _____ (preferir) el té al café.

13) ¿ _____ (recordar) Ud. mi dirección?

14) El niño _____ (dormir) en la cama.

15) Los camareros _____ (servir) el postre.

2. 빈칸에 estar와 haber를 구분해 직설법 현재 시제로 변화시켜 넣으시오.

1) Barcelona ⬚⬚⬚⬚⬚⬚⬚ en España.

2) ⬚⬚⬚⬚⬚⬚⬚ un libro en la mesa.

3) Las flores ⬚⬚⬚⬚⬚⬚⬚ en la mesa.

4) ⬚⬚⬚⬚⬚⬚⬚ muchas personas en la plaza.

5) Inés ⬚⬚⬚⬚⬚⬚⬚ en casa.

6) No ⬚⬚⬚⬚⬚⬚⬚ alumnas en la clase.

7) ¿⬚⬚⬚⬚⬚⬚⬚ allí el señor López?

8) ¿⬚⬚⬚⬚⬚⬚⬚ ordenadores en la oficina?

9) Hoy ⬚⬚⬚⬚⬚⬚⬚ toros en Sevilla.

10) El metro ⬚⬚⬚⬚⬚⬚⬚ cerca del hospital.

GRAMÁTICA
ESPAÑOLA

제 **5** 과

5.1.1. –g– 삽입 동사

tener (갖다)	
tengo	tenemos
tienes	tenéis
tiene	tienen

Tengo un hermano y una hermana.
나는 남동생과 여동생이 있다.

Hoy tenemos una clase de español.
우리는 오늘 스페인어 수업이 하나 있다.

¿Cuántos años tienes? 너 몇 살이니?

- Tengo 19 [=diecinueve]. 열아홉 살이야.

Ellos tienen que tomar el avión para París.
그들은 파리행 비행기를 타야 한다.

💡 참고

「tener que + inf.」는 문장의 주어가 '~해야 한다'는 뜻으로 쓰이는 반면에, 「hay que + inf.」는 '(일반적으로) ~해야 한다'는 뜻이다.

Tenemos que preparar el futuro. 우리는 미래를 준비해야만 한다.
Hay que obedecer la ley. 법을 준수해야만 한다.

다음 동사들의 1인칭 단수에서도 어간에 -g-가 삽입된다.

poner (놓다): pongo, pones, pone, ponemos, ponéis, ponen
salir (나가다): salgo, sales, sale, salimos, salís, salen
venir (오다): vengo, vienes, viene, venimos, venís, vienen

Pongo los libros en la mesa. 나는 책들을 탁자 위에 놓는다.

Mucha gente sale a la calle después de cenar.
많은 사람들이 저녁 식사 후 거리로 나간다.

¿De dónde viene este avión? 이 비행기는 어디서 오는 건가요?

- Viene de Chile. 칠레에서 옵니다.

decir와 hacer도 1인칭 단수에서 자음이 삽입되는 것은 아니지만 -g-로 변한다.

decir (말하다): digo, dices, dice, decimos, decís, dicen
hacer (하다): hago, haces, hace, hacemos, hacéis, hacen

Digo la verdad. 나는 진실을 말한다.

Mi mamá hace un pastel para nosotros.
어머니께서 우리를 위해 케이크를 만드신다.

5.1.2. hablar와 decir

hablar는 자동사이므로 목적어를 동반하지 않지만 예외적으로 언어명 만이 허용된다. 전치사 de, sobre등과 함께 쓰여 '~에 대해서 말한다'라는 의미로 쓰인다. decir는 타동사이므로 명사나 que절을 직접 목적어로 취한다.

Hablamos español. 우리는 스페인어를 한다.

Ellos hablan de la cultura mexicana. 그들은 멕시코 문화에 대해 말한다.

Dices una mentira. 너는 거짓말을 한다.

Él dice que soy japonés. 그는 내가 일본사람이라고 말한다.

5.1.3. saber와 conocer

saber는 '사실이나 방법 등을 안다'고 할 때 쓰이며, conocer는 '사람, 나라, 도시 등을 경험적으로 안다'고 할 때 주로 쓰인다. 따라서, 형식상으로 saber는 명사뿐만 아니라 que절과 부정사도 목적어로 취할 수 있는 반면, conocer는 que절이나 부정사를 목적어로 취하지 않는다.

> saber (알다): sé, sabes, sabe, sabemos, sabéis, saben
> conocer (알다): conozco, conoces, conoce, conocemos, conocéis,
> conocen

Ya sabemos hablar español. 이제 우리는 스페인어를 할 줄 안다.

Sé que ella es peruana. 나는 그녀가 페루 사람이라는 것을 알고 있다.

Conozco bien a María. 나는 마리아를 잘 안다.

Conocemos bien la Ciudad de México.
우리는 멕시코시티를 가 봐서 잘 안다.

💡참고

「saber a ~」는 '~맛이 난다'는 의미이다.

Este sorbete sabe a limón. 이 샤베트는 레몬 맛이 난다.

5.1.4. 기타 불규칙 동사

dar (주다): doy, das, da, damos, dais, dan
ir (가다): voy, vas, va, vamos, vais, van
producir (생산하다): produzco, produces, produce, producimos,
producís, producen
ver (보다): veo, ves, ve, vemos, veis, ven

Doy un euro de propina al camarero.
나는 웨이터에게 팁으로 1유로를 준다.

Voy a la biblioteca. 나는 도서관에 간다.

Esta fábrica produce automóviles. 이 공장은 자동차를 생산한다.

Veo la televisión en casa. 나는 집에서 텔레비전을 본다.

「ir a + inf.」는 미래를 나타내며, 「vamos a+inf.」는 미래 또는 '~합시다'
의 의미를 표현할 수 있다.

Voy a viajar a Europa el próximo mes.
나는 다음 달 유럽으로 여행갈 예정이다.

Vamos a leer el libro en voz alta.
우리는 큰 소리로 책을 읽을 것이다./큰 소리로 책을 읽읍시다.

5.2 목적대명사

5.2.1. 직접목적격대명사

인칭 \ 수	단수 (전치격)	복수 (전치격)
1인칭	me (~a mí)	nos (~a nosotros/nosotras)
2인칭	te (~a ti)	os (~a vosotros/vosotras)
3인칭	lo (~a Ud./él) la (~a Ud./ella)	los (~a Uds./ellos) las (~a Uds./ellas)

의미 전달이 명확한 경우 「전치사+전치격」은 생략될 수 있다.

Te quiero (a ti). 나는 너를 사랑한다.

La quieres (a ella). 너는 그녀를 사랑한다.

Juan lo invita (a él) a un café. 후안은 그에게 커피를 한 잔 산다.

그러나 인칭대명사가 목적어인 경우 전치격만 쓸 수는 없다.

Quiero a María. (올바른 문장)
Quiero a ti. (올바르지 않은 문장)

1,2인칭 단수의 전치격은 con과 함께 쓰이는 경우에는 각각 conmigo와 contigo가 된다. 3인칭의 경우 '손수, 스스로'의 의미일 때는 consigo가 된다.

¿Quieres ir conmigo? 나와 함께 갈래?
Ella quiere hablar contigo. 그녀는 너와 이야기하고 싶어 한다.
Ellos charlan con ella. 그들은 그녀와 잡담을 한다.
Él lleva la maleta consigo. 그는 손수 가방을 가지고 간다.

사람을 지칭하는 「3인칭 남성」에 한해 lo/los 대신 le/les를 쓰기도 한다.

Mucho gusto de conocerlo a Ud. 당신을 알게 되어 기쁩니다.
Mucho gusto de conocerle a Ud. 당신을 알게 되어 기쁩니다.

5.2.2. 간접목적격대명사

인칭 ＼ 수	단수 (전치격)	복수 (전치격)
1인칭	me (~a mí)	nos (~a nosotros/nosotras)
2인칭	te (~a ti)	os (~a vosotros/vosotras)
3인칭	le (~a Ud./él/ella)	les (~a Uds./ellos/ellas)

1,2인칭은 앞의 직접목적격과 형태가 동일하다. 3인칭은 남성과 여성 모두 le/les이다.

Te doy un boli. 나는 너에게 볼펜 한 자루를 준다.

Os regalo estos libros. 나는 너희들에게 이 책들을 선물한다.

Le escribo una carta a ella. 나는 그녀에게 편지를 쓴다.

Les mando un paquete a Uds. 나는 당신들에게 소포를 보냅니다.

한 문장 내에 직접목적격대명사와 간접목적격대명사가 동시에 사용될 경우, 간접목적격대명사가 앞에 쓰인다. 목적격대명사가 둘 다 3인칭인 경우에는 간접목적격대명사(le, les)를 se로 바꾸어 쓴다.

Me das este libro. 너는 나에게 이 책을 준다.

→ Me lo das.

Te regala una muñeca. 그는 네게 인형을 하나 선물한다.

→ Te la regala.

Le regalas un reloj a ella. 너는 그녀에게 시계를 선물한다.

→ Se lo regalas.

Les digo la verdad a Uds. 나는 당신들에게 진실을 말한다.

→ Se la digo.

5.2.3. 목적대명사의 위치 1

목적대명사는 동사 인칭 변화형 앞에 올 수도 있고 동사원형 뒤에 붙여 쓸 수도 있다. 이 때 동사 원형의 강세 위치가 바뀌는 경우에는 본래의 위치에 표시해 준다.

Te voy a llamar esta noche. 오늘 저녁 네게 전화할게.

→ Voy a llamarte esta noche.

¿Vas a darle esa muñeca a ella? 너는 그 인형을 그녀에게 줄 거니?

→ ¿Vas a dársela?

→ ¿Se la vas a dar?

1. 괄호 안의 동사를 직설법 현재 시제로 알맞게 변화시키시오.

1) Yo _____ (conocer) a Maribel.

2) Tú _____ (tener) un amigo argentino.

3) Nosotros _____ (tener) que cumplir nuestras promesas.

4) _____ (Haber) que guardar el secreto.

5) Juan _____ (poner) los libros en la mesa.

6) ¿De dónde _____ (venir) Ud.?

7) Ya nosotros _____ (saber) hablar español.

8) Nosotros _____ (conocer) bien Los Ángeles.

9) Yo le _____ (dar) gracias a Ud.

10) Siempre yo _____ (hacer) la cama.

2. 다음 문장들을 대명사를 이용해 바꾸시오.

1) Quiero a Leticia. → .

2) Tengo un libro. → .

3) Pones tu mochila en la mesa. → .

4) Le escribo una carta a mi hermana. → .

5) Te doy un regalo. → .

6) Él abre las ventanas. → .

7) Ella compra un piano. → .

8) Conozco bien la Ciudad de México. → .

9) Amamos a nuestros padres. → .

10) Ella quiere hablar bien español. → .

11) ¿Conoces a Juan? → ¿ ?

12) Mis padres me regalan un reloj. → .

13) ¿Entiendes mi explicación? → ¿ ?

14) Cantamos las canciones españolas. → .

15) Les digo la verdad a ellas. → .

Nota

GRAMÁTICA ESPAÑOLA

제 **6** 과

6.1.1. 0~999

0 cero		
1 uno	2 dos	3 tres
4 cuatro	5 cinco	6 seis
7 siete	8 ocho	9 nueve
10 diez	11 once	12 doce
13 trece	14 catorce	15 quince
16 dieciséis	17 diecisiete	18 dieciocho
19 diecinueve	20 veinte	21 veintiuno
22 veintidós	23 veintitrés	24 veinticuatro
25 veinticinco	26 veintiséis	27 veintisiete
28 veintiocho	29 veintinueve	30 treinta

주의

1. 16~29까지는 연음에 의해 주로 단일 단어로 읽고 쓴다.

dieciséis [= diez y seis], diecisiete [= diez y siete]
veintiuno [= veinte y uno], veintidós [= veinte y dos] 등.

2. -s로 끝나는 숫자들에는 강세를 표시한다.

dieciséis, veintidós, veintitrés, veintiséis.

31 treinta y uno	32 treinta y dos	33 treinta y tres
40 cuarenta	50 cincuenta	60 sesenta
70 setenta	80 ochenta	90 noventa
100 cien	101 ciento uno	102 ciento dos
123 ciento veintitrés	200 doscientos	300 trescientos
400 cuatrocientos	500 quinientos	600 seiscientos
700 setecientos	800 ochocientos	900 novecientos

1) 기본적인 숫자읽기

¿Cuánto es? 얼마입니까?

- Son 167 (ciento sesenta y siete) euros. 167 유로입니다.

¿Cuánto cuesta este boli? 이 볼펜은 얼마입니까?

- Cuesta 12,54 (doce con cincuenta y cuatro) euros.
  12유로 54센트입니다.

¿Cuánto cuestan estos dos libros? 이 책 두 권은 얼마입니까?

- Cuestan 24,73 (veinticuatro con setenta y tres) euros.
  24유로 73센트입니다.

¿Cuántos años tienes? 너 몇 살이니?

- Tengo 20 (veinte) años. 20살이야.

¿Cuál es tu número de teléfono? 네 전화번호가 어떻게 되니?

- Es el 02-428-8057 (cero, dos, cuatro, veintiocho, ochenta,
  cincuenta y siete) 02-428-8057이야.

- Es el 010-4521-3986 (cero, diez, cuarenta y cinco, veintiuno,
  treinta y nueve, ochenta y seis) 010-4521-3986이야.

2) 100은 읽고 쓸 때나 남·여성 명사 앞, 자신보다 큰 수 (mil, millón 등) 앞에서
는 cien이 된다. 자신보다 작은 수 앞에서는 ciento가 된다.

100 (cien)

101 (ciento uno)

110 (ciento diez)

100 hombres (cien hombres) 백 명의 남자들

100 mujeres (cien mujeres) 백 명의 여자들

100.000 euros (cien mil euros) 십만 유로

100 millones de dólares (cien millones de dólares) 1억 달러

3) 200~900 숫자 중 100 단위 수는 수식하는 명사의 성에 일치시킨다.

700 alumnos y 500 alumnas (setecientos alumnos y quinientas
alumnas) 700명의 남학생들과 500명의 여학생들

253 actrices (doscientas cincuenta y tres actrices) 253명의 여배우들

478 mineros (cuatrocientos setenta y ocho mineros) 478명의 광부들

4) uno가 남성명사 앞에서 어미 -o를 탈락시키듯이 21, 31, 41... 등에서도 어미
가 탈락된다.

21 coches (veintiún coches) 21대의 자동차들

31 libros (treinta y un libros) 31권의 책들

21 casas (veintiuna casas) 21채의 집들

31 chicas (treinta y una chicas) 31명의 소녀들

6.1.2. 1,000 이상

1.000	mil	1.001	mil uno
1.002	mil dos	1.003	mil tres
2.000	dos mil	3.000	tres mil
10.000	diez mil	100.000	cien mil
[.....]			
백만	un millón	천만	diez millones
일억	cien millones	십억	mil millones
백억	diez mil millones	천억	cien mil millones
일조	un billón		

1) '천'은 un mil이 아니라 mil인 반면, '백만'은 명사이므로 un millón으로 쓰고 뒤에 명사가 올 경우 de를 붙인다. 그러나 뒤에 숫자가 더 나오는 경우에는 형용사적으로 쓰인 것이므로 de를 붙이지 않는다.

1.000 personas (mil personas) 천 명의 사람들

2.000 mujeres (dos mil mujeres) 이천 명의 여자들

un millón de euros 백만 유로

1.100.000 dólares (un millón cien mil dólares) 백십만 달러

Seúl tiene más o menos 10 millones de habitantes.
서울의 주민은 약 천만 명이다.

Busan tiene unos 3.700.000 habitantes.
부산의 주민은 약 삼백 칠십만 명이다.

2) 스페인어권에서는 아라비아 숫자를 표기할 때 대체로 다음과 같은 방식이
   통용된다.

   2.300 (dos mil trescientos)
   1.400.000 (un millón cuatrocientos mil)

   그러나 스페인왕립학술원은 천 또는 백만 단위를 구분할 때 점
   (punto)을 사용하지 말 것을 규정하고 있다. 네 자리 수는 점(punto)없
   이 붙여 쓰고, 천 또는 백만 단위를 구분하기 위해서는 점(punto) 대신
   에 여백(espacio)을 둔다.

   3627
   83 509
   23 456 780

3) 소수점은 쉼표(coma)로 표시한다. 쉼표는 coma로 읽는다. 소수점 이하도
   한 자리씩 읽지 않고 일반적인 숫자 읽는 법에 따라 읽는다.

   3,14 (tres coma catorce)
   2,16% (dos coma dieciséis por ciento)

4) 연도, 쪽수, 번지, 우편번호, 법조항 등에서는 점도 여백도 두지 않고 모두 붙
   여 쓴다.

   Año 2014   2014년
   Página 1234   1234쪽

Avenida de Mayo 1370   Mayo가 1370번지

28010 Madrid   28010 마드리드

Real Decreto 1989   왕령 1989호

6.2 서수 [첫 번째~열 번째]

primero/a(s) 첫 번째	segundo/a(s) 두 번째
tercero/a(s) 세 번째	cuarto/a(s) 네 번째
quinto/a(s) 다섯 번째	sexto/a(s) 여섯 번째
séptimo/a(s) 일곱 번째	octavo/a(s) 여덟 번째
noveno/a(s) 아홉 번째	décimo/a(s) 열 번째

La lección primera es muy fácil. [= La lección 1 (uno)]
제 1과는 매우 쉽다.

El rey de España es don Felipe VI (sexto).
스페인의 국왕은 펠리페 6세이다.

La Primera/Segunda Guerra Mundial.
제 1차/ 2차 세계대전

Este libro es de la tercera edición.
이 책은 제 3판이다.

El capítulo cuarto es sobre la cultura española.
제 4장은 스페인 문화에 관한 것이다.

'열한 번째'부터는 기수가 서수를 대신하기도 한다.

la primera lección은 문맥에 따라서 '제 1과'가 될 수도 있고 '첫 번째 과'
라는 의미가 될 수도 있다.

La primera lección del libro es fácil.
책의 제 1과는 쉽다.
La primera lección de hoy es la unidad 6.
오늘 배울 첫 과는 제 6단원이다.

6.3 주요 지명과 그 형용사

Alemania	alemán / alemana
Argentina	argentino / argentina
Bolivia	boliviano / boliviana
Brasil	brasileño / brasileña
Chile	chileno / chilena
China	chino / china
Colombia	colombiano / colombiana
Corea	coreano / coreana
Costa Rica	costarricense
Cuba	cubano / cubana
Ecuador	ecuatoriano / ecuatoriana
El Salvador	salvadoreño / salvadoreña

España	español / española
(los) Estados Unidos	estadounidense
Francia	francés / francesa
Gran Bretaña	británico / británica
Guatemala	guatemalteco / guatemalteca
Honduras	hondureño / hondureña
Inglaterra	inglés / inglesa
Italia	italiano / italiana
Japón	japonés / japonesa
México	mexicano / mexicana
Nicaragua	nicaragüense
Panamá	panameño / panameña
Paraguay	paraguayo / paraguaya
Perú	peruano / peruana
Portugal	portugués / portuguesa
Puerto Rico	puertorriqueño / puertorriqueña
República Dominicana	dominicano / domincana
Uruguay	uruguayo / uruguaya
Venezuela	venezolano / venezolana

1. 다음 아라비아 숫자들을 스페인어로 읽고 쓰시오.

1) 27 _____ .

2) 32 _____ .

3) 54 _____ .

4) 69 _____ .

5) 146 _____ .

6) 581 _____ .

7) 1.773 _____ .

8) 2.007 _____ .

9) 5.913 _____ .

10) 14.211 _____ .

2. 다음 구문들을 스페인어로 쓰시오.

1) 101명의 남자들 _____.

2) 100명의 여자들 _____.

3) 300명의 여학생들 _____.

4) 261명의 군인들 _____.

5) 21권의 책들 _____.

6) 1.000명의 사람들 _____.

7) 백만 유로 _____.

8) 이백만 명의 시민들 _____.

9) 31명의 아가씨들 _____.

10) 3,14 _____.

3. 다음 문장에서 문법적으로 틀린 부분을 바르게 고치시오.

1) La dos lección es muy fácil.

2) El cuatro capítulo es sobre la política internacional.

3) Hoy estudiamos la lección tercero.

4) Este libro es de la cinco edición.

5) Hoy es su diez cumpleaños.

Nota

GRAMÁTICA ESPAÑOLA

제 **7** 과

일반적으로 타동사와 함께 쓰이며, 주어가 「자기 자신」을 목적어로 삼음으로써 행위의 결과가 자신에게 되돌아오도록 만든다. 형태는 1,2인칭은 직·간접목적격과 동일하며 3인칭에서만 다르다.

인칭 \ 수	단수	복수
1인칭	me (~a mí)	nos (~a nosotros/nosotras)
2인칭	te (~a ti)	os (~a vosotros/vosotras)
3인칭	se (~a sí)	se (~a sí)

llamarse (~라고 부르다)		sentarse (앉다)	
me llamo	nos llamamos	me siento	nos sentamos
te llamas	os llamáis	te sientas	os sentáis
se llama	se llaman	se sienta	se sientan

¿Cómo te llamas? 네 이름이 뭐니?

- Me llamo Carlos. 내 이름은 까를로스야.

¿Te levantas temprano? 너는 일찍 일어나니?

- No, me levanto tarde. 아니, 늦게 일어나.

Me lavo la cara. 나는 세수를 한다.

Mi hermana se casa mañana. 내 누이는 내일 결혼한다.

Ella se sienta aquí. 그녀는 여기 앉는다.

Tú te despiertas muy temprano. 너는 매우 일찍 깨어난다.

Me afeito todos los días. 나는 매일 면도를 한다.

Ella se mira a sí misma en el espejo. 그녀는 거울속의 자신을 본다.

'(자기 신체의 일부분을) 씻는다'고 할 때는 그 신체 부위 앞에 소유형용사 대신 정관사를 쓴다.

Me lavo las manos. 나는 손을 씻는다.
Nos cepillamos los dientes. 우리는 이를 닦는다.

7.2 시간 표현

ser동사로 시간을 표현할 때 동사는 보어(시간)에 일치한다. '정각' 은 en punto, '15분'은 cuarto, '30분'은 media로 표현한다. 30분 이상은 보통 큰 시간에서 해당 분만큼 뺀다.

¿Qué hora es? 몇 시니?
- Es la una y diez. 1시 10분이야.
- Son las tres en punto. 3시 정각이야.
¿Tienes hora? 몇 시니?
- Son las cuatro y cuarto. 4시 15분이야.
- Son las cinco y media. 5시 반이야.
- Son las siete menos cuarto. 6시 45분이야.

'오전(에), 오후(에), 밤(에)'라고 할 때 구체적인 시간과 함께 쓰면 de la mañana, de la tarde, de la noche가 되고, 구체적인 시간이 언급되지 않을 경우에는 por la mañana, por la tarde, por la noche가 된다. 라틴아메리카에서는 전치사 por 대신에 en을 쓰기도 한다. '~시에'라고 표현할 때는 전치사 a를 쓴다.

¿Qué hora es ahora? 지금 몇 시 입니까?
- Es la una y cuarto de la mañana. 오전 1시 15분입니다.
- Son las ocho y media de la tarde. 오후 8시 반입니다.
- Son las diez menos veinte de la noche. 밤 9시 40분입니다.

Ella me visita por la mañana. 그녀는 오전에 나를 방문한다.
Hacemos la tarea en la noche. 우리는 밤에 숙제를 한다.

¿A qué hora te levantas? 너는 몇 시에 일어나니?
- Normalmente me levanto a las siete de la mañana.
  보통 아침 7시에 일어나.

주의

'de día'와 'de noche'는 각각 '주간에'와 '야간에'의 의미를 나타낸다.

Esta semana trabajo de día. 나는 이번 주에는 주간에 근무한다.
Los guardias trabajan de noche. 경비원들은 야간에 근무한다.

7.3.1. 요일

Una semana tiene siete días: lunes, martes, miércoles, jueves, viernes, sábado y domingo.
한 주는 월요일, 화요일, 수요일, 목요일, 금요일, 토요일, 일요일 7일이다.

¿Qué día es hoy? 오늘은 무슨 요일이니?

- Hoy es martes; mañana, miércoles, y pasado mañana, jueves.
  오늘은 화요일이다. 내일은 수요일이고 모레는 목요일이다.

부사구로 쓰이는 경우 「전치사 없이 관사만」 쓴다.

Te voy a contestar el lunes. 월요일에 네게 대답해 줄게.

No tengo clase los viernes. 나는 매주 금요일에는 수업이 없다.

7.3.2. 날짜

월(月)은 주어로 쓰이든 목적어나 부사구로 쓰이든 관사를 붙이지 않는다.

Un año tiene doce meses: enero, febrero, marzo, abril, mayo, junio, julio, agosto, septiembre, octubre, noviembre y diciembre.
1년은 1월, 2월, 3월, 4월, 5월, 6월, 7월, 8월, 9월, 10월, 11월, 12월, 총 12개월이다.

Enero es el primer mes del año. 1월은 1년 중 첫 번째 달이다.

Febrero tiene 28 días. 2월은 28일까지 있다.

La primavera abarca marzo, abril y mayo. 봄은 3월, 4월, 5월에 해당한다.

¿En qué mes estamos? 지금은 몇 월입니까?

- Estamos en mayo. 5월입니다.

El otoño empieza en septiembre. 가을은 9월에 시작된다.

일(日)은 특정한 날이 아닌 경우에는 관사를 생략하기도 한다.

¿Qué fecha es hoy? 오늘은 며칠입니까?

- Hoy es 20 de marzo. 3월 20일입니다.

¿A cuántos estamos hoy? 오늘은 며칠입니까?

- Estamos a 17 de septiembre. 9월 17일입니다.

¿Cuál es la fecha de hoy? 오늘은 며칠입니까?

- Hoy es 5 de mayo. 5월 5일입니다.

El Día de la Independencia es el 15 de agosto. 광복절은 8월 15일이다.

El 27 de noviembre es mi cumpleaños. 11월 27일은 내 생일이다.

부사구로 쓰이는 경우 「전치사 없이 관사만」쓴다.

Ellos van a venir el 28 de mayo. 그들은 5월 28일에 올 것이다.

Ellos van a regresar la semana próxima. 그들은 다음 주에 돌아올 것이다.

의미상의 주어는 간접목적격(me, te, le, nos, os, les) 형태로 쓰고, 문법상의 주어는 의미상 목적어로 쓰는 동사들이다. 형식상 이 종류의 동사들은 3인칭 단·복수 형태가 주로 쓰인다. 가장 대표적인 동사가 gustar이므로, 일명 「gustar류의 동사들」이라 부른다.

gustar (좋아하다), doler (아프다), encantar (매혹시키다), extrañar (이상하게 생각하다), importar (중요하다), interesar (흥미를 갖게 하다)

¿Te gusta esa película? 너 그 영화 좋아하니?

- No, a mí no me gusta. 아니, 맘에 안 들어.

Le gustan los zapatos negros. 그는 검은 구두를 좋아한다.

Me gustan la música y el baile. 나는 음악과 춤을 좋아한다.

A él le gusta jugar al tenis. 그는 테니스 치는 것을 좋아한다.

Me gusta cantar y bailar. 나는 노래하고 춤추는 것을 좋아한다.

Me duele la cabeza. 나는 머리가 아프다.

A Jaime le encanta el helado de chocolate.
하이메는 초콜릿 아이스크림을 무척 좋아한다.

Eso no me extraña. 그것이 나에게는 어색하지 않아.

A mí me importa preparar los exámenes.
나에게는 시험 준비하는 것이 중요하다.

¿A ti no te interesa eso? 너는 그것에 관심 없니?

hacer, mandar와 같은 「사역동사」와 ver, oír와 같은 「지각 동사」는 동사원형을 취할 수 있다. 이 경우 목적격 명사나 대명사는 동사원형의 의미상 주어 역할을 한다.

Ella le manda a Pedro traer aquí ese paquete.
그녀는 뻬드로에게 그 소포를 여기로 가져오라고 명령한다.

La película nos hace recordar la infancia.
그 영화는 우리에게 어린 시절을 생각나게 한다.

Lo vemos hablar con Carlos. 우리는 그가 까를로스와 이야기하는 것을 본다.

La oigo cantar en el concierto. 나는 그녀가 콘서트에서 노래하는 것을 듣는다.

접속사 y와 o는 동일한 발음으로 시작되는 단어 앞에서는 각각 e와 u로 철자가 바뀐다.

María e Inés 마리아와 이네스

padre e hijo 아버지와 아들

mezquita e iglesia 회교사원과 교회

madre e hija 어머니와 딸

Oriente u Occidente 동양 혹은 서양

flor u hoja 꽃이나 잎

siete u ocho (=7 u 8) 7 혹은 8

familia u hogar 가족이나 가정

1. 괄호 안의 동사를 직설법 현재 시제로 알맞게 변화시키시오.

1) ¿Cómo ⬛⬛⬛⬛⬛⬛⬛⬛⬛⬛⬛⬛ (llamarse) tú?

2) Yo ⬛⬛⬛⬛⬛⬛⬛⬛⬛⬛ (llamarse) Carlos.

3) Vosotros ⬛⬛⬛⬛⬛⬛⬛⬛⬛⬛ (levantarse) muy tarde.

4) Ella ⬛⬛⬛⬛⬛⬛⬛⬛⬛⬛⬛ (sentarse) aquí.

5) Hoy nosotros ⬛⬛⬛⬛⬛⬛⬛⬛⬛ (casarse) en la iglesia.

6) Ellos ⬛⬛⬛⬛⬛⬛⬛⬛⬛⬛ (despertarse) temprano.

7) Yo ⬛⬛⬛⬛⬛⬛⬛⬛⬛ (afeitarse) todas las mañanas.

8) Nosotros ⬛⬛⬛⬛⬛⬛⬛⬛⬛⬛ (cepillarse) los dientes.

9) Tú ⬛⬛⬛⬛⬛⬛⬛⬛ (acostarse) tarde.

10) Él ⬛⬛⬛⬛⬛⬛⬛⬛⬛⬛ (lavarse) la cara.

2. 필요한 경우 빈칸에 알맞은 말을 넣어 문장을 완성시키시오.

1) ¿Qué hora ⬛⬛⬛⬛⬛⬛⬛⬛ ? -Son las tres y media.

2) Ahora es la una y cuarto ⬛⬛⬛⬛⬛⬛⬛⬛ la tarde.

3) Ella me llama por teléfono ⬛⬛⬛⬛⬛⬛⬛⬛ la noche.

4) El autobús llega ⬛⬛⬛⬛⬛⬛⬛⬛ las ocho en punto.

5) Tengo muchas clases ⬛⬛⬛⬛⬛⬛⬛⬛ martes.

6) ¿Qué día es hoy? -Hoy es _____ lunes.

7) El Día del Niño es _____ 5 de mayo.

8) Ellos van a volver _____ el 28 de julio.

9) ¿Qué fecha es hoy? -Hoy es _____ 20 de marzo.

10) Ellos van a regresar _____ próximo mes.

3. 괄호 안의 동사를 직설법 현재 시제로 알맞게 변화시키시오.

1) Me _____ (gustar) jugar al fútbol.

2) ¿Te _____ (gustar) esas revistas?

3) Me _____ (doler) la cabeza y el estómago.

4) Le _____ (encantar) a ella el chorizo y el jamón.

5) Me _____ (extrañar) mucho su acento.

6) A ti te _____ (importar) preparar las lecciones.

7) A mí no me _____ (interesar) eso.

8) Nos _____ (encantar) esa película.

9) A mí me _____ (dar) igual.

10) ¿Te _____ (sonar) bien esta frase?

GRAMÁTICA
ESPAÑOLA

제 **8** 과

8.1.1. qué

의문대명사와 의문형용사로 쓰이며, '무엇, 어떤'의 의미이다. 성·수 변화를 하지 않는다.

¿Qué quieres comer? 무엇을 먹고 싶니?

- Quiero comer una hamburguesa. 햄버거 하나 먹고 싶어.

¿Qué idiomas sabes hablar? 너는 어떤 언어를 할 줄 아니?

- Hablo español, inglés y francés.
  나는 스페인어, 영어, 프랑스어를 할 줄 알아.

8.1.2. cuál

일반적으로 의문대명사 '어떤 것', '무엇'의 의미로 사용되며, 의문형용사로는 잘 쓰이지 않는다. 수 변화만 한다.

¿Cuál es tu nombre? 네 이름이 뭐니?

- Mi nombre es Carlos. 내 이름은 까를로스야.

¿Cuál de estos coches prefieres, el rojo o el blanco?
이 차들 중 어느 것을 더 좋아하니? 빨간 차 아니면 흰 차?

qué와 cuál

1. 의문 대상에 대한 「정보」나 「의미」를 알고자 할 때는 **qué**가, 「선택」을 요구할 때는 **cuál**이 주로 사용된다.

   ¿Qué es la ciencia humana? 인문학이란 무엇입니까?
   ¿Cuál es la capital de España? 스페인의 수도는 어디입니까?

2. **cuál**은 주로 대명사로만 쓰이므로, 「qué + 명사」형태로 대신할 수 있다.

   ¿Cuál de estos libros vas a leer? 이 책들 중 어느 것을 읽을 예정이니?
   = ¿Qué libro (de estos) vas a leer? (이것들 중) 어떤 책을 읽을 예정이니?
   ¿Cuál es la fecha de hoy? 오늘은 며칠입니까?
   = ¿Qué fecha es hoy?

8.1.3. quién

의문대명사로 수 변화만 한다. '누구'의 의미이다.

¿Quién es él? 그는 누구입니까?

- Es mi profesor de español. 나의 스페인어 선생님입니다.

¿Quiénes son ellas? 그녀들은 누구입니까?

- Son mis amigas. 내 여자 친구들입니다.

¿Con quién hablo? 누구십니까? (전화통화 시 상대방이 누구인지 확인할 때)

- Habla con Juan. 후안입니다.

¿De quién es esta mochila? 이 배낭은 누구의 것입니까?

- Es de Marta. 마르따의 것입니다.

8.1.4. cuánto

의문대명사와 의문형용사로 모두 쓰이며, 성·수 변화를 한다. '얼마', '몇'의 의미로 쓰인다. 수나 양을 모두 나타낸다.

¿Cuánto es? 얼마입니까?

- Son diez euros. 10유로입니다.

¿Cuánto tiempo llevas aquí? 여기 온지 얼마나 됐니?

- Llevo un mes. 한 달 됐어.

¿Cuántos años tienes? 너는 몇 살이니?

- Tengo veinte años. 20살이야.

8.1.5. cuándo

의문부사로 성·수 변화를 하지 않는다. '언제'의 의미이다.

¿Cuándo va a dar a luz ella? 그녀는 언제 출산할 예정이니?

- A principios de octubre. 10월 초순이야.

¿Hasta cuándo tengo que aguantarlo?
내가 언제까지 그것을 참아야 하지?

- Va a terminar dentro de una semana. 1주일 이내에 끝나.

8.1.6. dónde

의문부사로 성·수 변화를 하지 않는다. '어디'의 의미이다.

¿Dónde está Juan? 후안은 어디에 있니?

- Está en el jardín. 정원에 있어.

¿De dónde eres? 너는 어디 출신이니?

- Soy de Panamá. 파나마 출신이야.

전치사 a와 함께 쓰이는 경우에는 주로 adónde 형태를 쓴다.

¿Adónde vas tan deprisa? 그렇게 급히 어딜 가니?

¿Adónde vamos? 우리 어디 가는 거야?

8.1.7. cómo

의문부사로 성·수 변화를 하지 않는다. '어떻게'의 의미이다.

¿Cómo le va? 어떻게 지내십니까?

- Me va bien, gracias. 잘 지냅니다, 감사합니다.

¿Cómo le pago? 어떻게 지불할까요?

- En efectivo o con tarjeta de crédito, da igual.
  현금이든 신용카드든 상관없습니다.

8.1.8. por qué

'왜'라는 의미이며 의문부사로 성·수 변화를 하지 않는다. 「por + qué」의 합성어이므로 por와 qué를 띄어 쓴다. 그러나 접속사(porque)로 쓰이는 경우는 붙여 쓴다.

¿Por qué tienes cara de sueño? 너 왜 졸린 얼굴이니?

- Porque estoy muy cansado. 무척 피곤하기 때문이야.

¿Por qué estás de mal humor? 왜 기분이 좋지 않니?

- Porque tengo dolor de cabeza. 머리가 아파서 그래.

8.2 날씨 표현

일반적인 날씨를 표현할 때는 hacer 동사에 해당 명사를 붙여 표현하며, 「비인칭」 표현이므로 3인칭 단수 (hace)만을 쓴다.

¿Qué tiempo hace hoy?　　　　오늘 날씨가 어떻습니까?

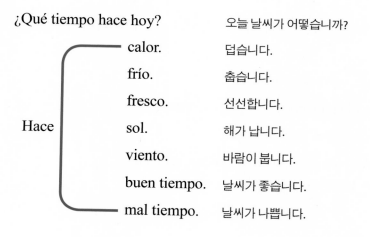

Hace	calor.	덥습니다.
	frío.	춥습니다.
	fresco.	선선합니다.
	sol.	해가 납니다.
	viento.	바람이 붑니다.
	buen tiempo.	날씨가 좋습니다.
	mal tiempo.	날씨가 나쁩니다.

날씨를 표현할 때 「hace + 명사」 형태만 쓰이는 것은 아니다. 예를 들어 '비가 오다', '눈이 오다'등의 표현은 각각 동사 llover와 nevar를 쓰며, 경우에 따라서는 ser, estar, haber 등을 쓰기도 한다.

Llueve mucho ahora. 지금은 비가 많이 온다.

Va a nevar mañana. 내일은 눈이 올 것이다.

El clima es agradable. 기후가 온화하다.

Ahora está nublado. 지금은 구름이 끼어 있다.

Está despejado. 날씨가 활짝 개다.

Hay niebla. 안개가 끼어있다.

구체적인 인칭 주어가 '춥다', '덥다'등을 표현할 때는 tener 동사를 쓴다.

Tengo frío. 나는 춥다.

Tenemos calor. 우리는 덥다.

8.3 계절

주어나 목적어로 쓰이는 경우에는 관사를 동반한다.

Un año tiene cuatro estaciones: primavera, verano, otoño e invierno.
1년은 봄, 여름, 가을, 겨울 4계절이다.

La primavera es mi estación favorita.
봄은 내가 가장 좋아하는 계절이다.

Esperamos el verano, porque nos gusta ir a la playa.
우리는 여름을 기다린다. 왜냐하면 해변에 가는 것을 좋아하기 때문이다.

부사구로 쓰이는 경우, 일반적인 의미일 때는 관사를 쓰지 않으나 구체적으로 한정되는 경우에는 관사를 동반한다.

En otoño los árboles cambian de color.
가을에는 나무들의 색깔이 바뀐다.

En invierno nieva mucho.
겨울에는 눈이 많이 온다.

Ellos van a ir a México la próxima primavera.
그들은 올 봄에 멕시코에 갈 것이다.

Voy a visitarlo el otoño que viene.
나는 올 가을에 그를 방문할 것이다.

1. 주어진 해석에 따라 빈칸에 알맞은 의문사를 넣으시오.

1) ¿   es la filosofía?

철학이란 무엇입니까?

2) ¿   es la capital de Corea?

한국의 수도는 어디 입니까?

3) ¿   años tiene él? 그는 몇 살입니까?

4) ¿   de estos libros quieres leer?

이 책들 중 어떤 것을 읽고 싶니?

5) ¿   son ellos? 그들은 누구입니까?

6) ¿De   eres? 너는 어디 출신이니?

7) ¿   vale esto? 이것은 얼마입니까?

8) ¿   personas van a asistir a la reunión?

모임에 몇 명이 참석할까요?

9) ¿   vais a llegar aquí?

너희들은 여기에 언제 도착하니?

10) ¿   quieres acostarte tan temprano?

왜 그렇게 일찍 자려고 하니?

11) ¿   vas? 너 어디 가니?

12) ¿   vas a avisárselo? 너는 어떻게 그것을 그에게 알리려고 하니?

2. 주어진 해석에 따라 빈칸에 알맞은 말을 넣으시오.

1) Yo _____ frío. 나는 춥다.

2) Hoy _____ buen tiempo. 오늘은 날씨가 좋다.

3) _____ fresco. 날씨가 선선하다.

4) Nosotros _____ calor. 우리는 덥다.

5) El clima _____ agradable. 기후가 온화하다.

6) Hoy _____ nublado. 오늘은 흐려있다.

7) _____ sol. 해가 난다.

8) _____ niebla. 안개가 끼어 있다.

GRAMÁTICA
ESPAÑOLA

제 **9** 과

9.1.1. 형태

[규칙형]

> hablar (말하다): habl+ando → hablando
> comer (먹다): com+iendo → comiendo
> vivir (살다): viv+iendo → viviendo

[불규칙형]

> ir (가다): yendo leer (읽다): leyendo
> oír (듣다): oyendo decir (말하다): diciendo
> pedir (요구하다): pidiendo venir (오다): viniendo
> dormir (자다): durmiendo morir (죽다): muriendo
> ver (보다): viendo reír (웃다): riendo

9.1.2. 용법

1) 동시 동작: '~하면서'라는 의미로 주동사와 동시에 일어나는 동작을 나타낸다.

Ella estudia escuchando la radio. 그녀는 라디오를 들으면서 공부를 한다.

Él anda cantando. 그는 노래를 부르면서 걷는다.

Ellos charlan tomando refrescos. 그들은 음료수를 마시면서 잡담을 한다.

2) 현재진행: 「estar + 현재분사」

Estoy escribiendo un e-mail. 나는 이메일을 한 통 쓰고 있다.

Ellos están limpiando la casa. 그들은 집을 청소하고 있다.

Estamos hablando de ese accidente. 우리는 그 사고에 대해 이야기하고 있다.

3) 상황이나 행위의 지속 표현: estar 뿐만 아니라, ir, seguir, llevar 등과 함께 쓰여도 「상황이나 행위의 지속 또는 진행」을 표현한다.

La situación va empeorando. 상황은 악화되어 가고 있다.

Marisa sigue leyendo la misma página.
마리사는 계속 같은 페이지를 읽고 있다.

Las chicas llevan dos horas charlando.
소녀들은 2시간 동안 잡담을 하고 있다.

9.2 과거분사

9.2.1. 형태

[규칙형]

hablar (말하다): habl+ado → hablado
comer (먹다): com+ido → comido
vivir (살다): viv+ido → vivido

[불규칙형]

abrir (열다): abierto	decir (말하다): dicho
escribir (쓰다): escrito	hacer (하다): hecho
morir (죽다): muerto	poner (놓다): puesto
romper (부수다): roto	ver (보다): visto
volver (돌아가다): vuelto	caer (떨어지다): caído
leer (읽다): leído	oír (듣다): oído

9.2.2. 용법

1) 직접 명사를 수식하거나 주격 보어 역할을 한다. 이때, 형용사적으로 쓰인 것이므로 해당 명사와 성·수가 일치되어야 한다.

Un pájaro entra por la ventana abierta.
새 한 마리가 열린 창문으로 들어온다.

Ella recibe una carta escrita en español.
그녀는 스페인어로 쓰인 편지 한 통을 받는다.

Tengo una mochila hecha de piel.
나는 가죽으로 만들어진 배낭을 하나 가지고 있다.

Estamos cansados. 우리는 피곤하다.

Esa clase no es aburrida. 그 수업은 지루하지 않다.

Ella regresa a casa muy fatigada.
그녀는 매우 피곤한 상태로 집에 돌아온다.

2) haber와 함께 쓰여 「현재완료」를 표현하며, ser나 estar와 함께 쓰여 「수동태 구문」을 표현한다. (☞ 「현재완료」는 9.3., 「수동태」는 9.4. 참조)

9.3.1. 형태

「haber의 현재형+과거분사」로 이루어진다.

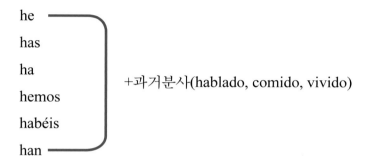

he
has
ha
hemos
habéis
han

+과거분사(hablado, comido, vivido)

9.3.2. 용법

대체로 과거에 일어난 행위가 현재까지 영향을 미치는 경우에 사용된다. 따라서 가까운 과거를 나타낼 때, 주로 현재와 관련이 있는 부사나 부사구인 hoy, esta mañana, esta tarde, esta noche, esta semana, ya, todavía, aún, nunca 등과 함께 쓰인다. 현재완료에서 과거분사는 성·수 변화를 하지 않는다.

Ana ha comprado un traje nuevo. 아나는 새 정장을 한 벌 샀다.

Ya hemos comido. 우리는 이미 밥을 먹었다.

¿Has visto a José esta mañana? 너 오늘 아침 호세를 보았니?

No me lo han dicho nunca mis amigos.
내 친구들은 결코 내게 그것을 말하지 않았다.

He llamado a Maribel por teléfono esta tarde.
나는 마리벨에게 오늘 오후에 전화를 했다.

Ellos no han venido hoy a la escuela.
그들은 오늘 학교에 오지 않았다.

💡 참고

「tener + 과거분사」도 완료를 나타낸다. 그러나 「현재완료」에서와는 달리, 이 경우에는 과거분사가 목적보어로 쓰인 것이므로 목적어에 해당하는 명사와 성·수가 일치되어야 한다.

Tengo escrita una carta. 나는 편지 한 통을 써서 가지고 있다.
Tenemos reservadas dos habitaciones. 우리는 방을 두 개 예약해 두었다.

9.4 수동 구문

수동 구문에서는 과거분사와 주어가 성과 수에서 일치해야 한다.

9.4.1. 상태 수동 구문

「estar + 과거분사」 형태를 취한다.

La puerta está abierta. 문은 열려있다.

El libro está escrito en inglés. 책은 영어로 쓰여 있다.

La ventana está cerrada. 창문은 닫혀있다.

9.4.2. 동작 수동 구문

「ser + 과거분사」 형태를 취한다. 일반적으로 「por + 행위자」가 표시된다.

Juan corta el pan. 후안은 빵을 자른다.

→ El pan es cortado por Juan. 빵은 후안에 의해 잘린다.

Ella cierra la puerta. 그녀는 문을 닫는다.

→ La puerta es cerrada por ella. 문은 그녀에 의해 닫힌다.

Juan ha cortado el pan. 후안은 빵을 잘랐다.

→ El pan ha sido cortado por Juan. 빵은 후안에 의해 잘렸다.

Ella ha cerrado la puerta. 그녀는 문을 닫았다.

→ La puerta ha sido cerrada por ella. 문은 그녀에 의해 닫혔다.

1. 다음 동사들의 현재분사와 과거분사를 쓰시오.

	[현재분사]	[과거분사]
1) ver		
2) leer		
3) decir		
4) pedir		
5) venir		
6) oír		
7) dormir		
8) hacer		
9) ir		
10) abrir		
11) escribir		
12) caer		
13) poner		
14) volver		
15) morir		

2. 다음 문장들을 수동태로 바꾸시오.

1) Ana abre las ventanas. → _____.

2) Ellos queman los papeles. → _____.

3) Él corta los árboles. → _____.

4) El niño rompe el vaso. → _____.

5) Ella rechaza nuestra propuesta. → _____.

Nota

GRAMÁTICA ESPAÑOLA

제 **10** 과

10.1.1. 비교급

1) 우등 비교:「más + 형용사/명사/부사 + que」

Eres más alta que yo. 너는 나보다 키가 크다.

Él es más generoso que Sandra. 그는 산드라보다 마음이 넓다.

Tengo más experiencia que Juan en este campo.
나는 이 분야에서 후안보다 경험이 많다.

Ella tiene más libros que él. 그녀는 그보다 많은 책을 가지고 있다.

Ella corre más rápido que yo. 그녀는 나보다 빨리 달린다.

Carlos llega más tarde que yo. 까를로스는 나보다 늦게 도착한다.

2) 열등 비교:「menos + 형용사/명사/부사 + que」

Soy menos alta que él. 나는 그보다 키가 덜 크다.

José tiene menos tiempo que yo. 호세는 나보다 시간이 없다.

Pedro se levanta menos temprano que yo.
뻬드로는 나보다 덜 일찍 일어난다.

1. preferir 동사도 우등 비교의 의미로 쓰이며, 비교의 대상 앞에는 전치사 a가 놓인다.

Prefiero el autobús al metro. 나는 지하철보다는 버스를 좋아한다.
Preferimos el vino a la cerveza. 우리는 맥주보다는 포도주를 좋아한다.

2. superior와 inferior도 각각 우등 비교와 열등 비교의 의미로 쓰이며 비교의 대상 앞에 a를 취한다.

José es superior a su hermano en fuerza.
호세는 힘에서 그의 동생보다 우위에 있다.

Nunca eres inferior a Pedro en talento.
너는 재능 면에서 결코 뻬드로보다 열등하지 않다.

3) 동등 비교: 「tan + 형용사/부사 + como」
　　　　　　「tanto + 명사 + como」

Este restaurante es tan bueno como el de la calle Princesa.
이 레스토랑은 쁘린세사 거리의 레스토랑만큼 좋다.

México es tan grande como Argentina. 멕시코는 아르헨티나만큼 크다.

Juan habla tan despacio como Carlos. 후안은 까를로스만큼 느리게 말한다.

No tengo tanto tiempo como tú. 나는 너만큼 시간이 많지 않다.

Esta casa tiene tantas habitaciones como el Palacio Real.
이 집은 왕궁만큼 많은 방이 있다.

1. 「tan/tanto ~ que~」 '매우 ~해서 ~하다.'

Él habla tan rápido que no lo entiendo bien.
그는 매우 빠르게 말해서 나는 그를 잘 이해 못한다.

Hay tanta niebla en el aeropuerto que los aviones no pueden aterrizar.
공항에 안개가 너무 짙어서 비행기들이 착륙할 수 없다.

2. 「tanto A como B」 'A도 B도'

Tenemos clases tanto el lunes como el miércoles.
우리는 월요일에도 수요일에도 수업이 있다.

10.1.2. 최상급

「정관사 + más/menos + 형용사 + 전치사 (de, en, entre)」
「정관사 + 명사 + más/menos + 형용사 + 전치사 (de, en, entre)」

Él es el más amable entre mis amigos.
그는 내 친구들 중에서 가장 친절하다.

Visitamos el palacio más hermoso de la ciudad.
우리는 그 도시에서 가장 아름다운 왕궁을 방문한다.

부사의 최상급은 정관사를 사용하지 않는다.

Entre nosotros, Emilio trabaja más.
우리들 중에서 에밀리오가 가장 열심히 일한다.

más 또는 menos 뒤에 숫자가 나오는 경우에는 뒤에 **que** 대신 **de**가 온다.

Necesito más de dos ayudantes.
나는 2명 이상의 보조원이 필요하다.

Tenemos solo menos de 10 euros.
우리는 단지 10유로 미만의 돈을 갖고 있다.

10.2 부사의 분류

10.2.1. 본래 품사가 부사인 어휘들

bien, mal, mucho, poco, tanto, demasiado, pronto, temprano, tarde, despacio 등이 이에 해당한다. rápido와 lento는 본래 형용사이나 현재는 부사로도 쓰인다.

Ella habla bien español. 그녀는 스페인어를 잘 한다.

Su abuela está mal. 그의 할머니는 건강이 좋지 않다.

Ella lee despacio para mí. 그녀는 나를 위해 천천히 읽는다.

Nos levantamos temprano. 우리는 일찍 일어난다.

Llegamos a la clase muy tarde. 우리는 수업에 매우 늦게 도착한다.

Él anda lento, pero ella muy rápido.
그는 천천히 걷지만, 그녀는 매우 빠르게 걷는다.

10.2.2. 형용사 파생 부사

「형용사의 여성형」에 -mente를 붙여 만든다. 부사형 어미로 쓰이는 -mente는 본래 '마음'이라는 의미의 여성 명사이므로 형용사도 여성형으로 쓰이는 것이다.

amable → amablemente   alegre → alegremente

general → generalmente   natural → naturalmente

obvio → obviamente   positivo → positivamente

Generalmente trabajan ocho horas al día. 일반적으로 하루에 8시간 일한다.

El encargado me lo ha dicho positivamente.
담당자는 내게 그것을 긍정적으로 말했다.

형용사에 -mente를 붙여 만든 파생부사가 둘 이상 연속으로 나오는 경우, 앞의 부사에서는 -mente를 생략하고 형용사의 여성형만 쓴다.

política y económicamente 정치·경제적으로

sincera y honestamente 진지하고 정직하게

Ellos cantan fuerte y alegremente. 그들은 크고 즐겁게 노래한다.

Me ha contestado correcta y firmemente.
그는 내게 정확하고 단호하게 대답했다.

10.2.3. 「con + 추상명사」 = 부사구

Ellos me visitan con mucha frecuencia. [= muy frecuentemente]
그들은 나를 매우 자주 방문한다.

El tren corre con rapidez. [= rápidamente, rápido]
기차는 빨리 달린다.

Ellos cantan con alegría. [= alegremente]
그들은 즐겁게 노래한다.

10.3 수동의 se와 비인칭의 se

10.3.1. 수동의 se

수동태인 「ser + 과거분사」 구문 대신 사용될 수 있다. 일반적으로 행위자가 특별히 중요하게 여겨지지 않는 경우에는 「전치사 + 행위자」가 생략된다.

Un abogado es enviado por el gobierno.
변호사 한 명이 정부에 의해 파견된다.
→ Se envía un abogado. 변호사 한 명이 파견된다.

Nuestro documento es preparado por el abogado.
우리 서류는 변호사에 의해 준비된다.
→ Se prepara nuestro documento. 우리 서류가 준비된다.

Los edificios son construidos por esa compañía.

그 건물들은 그 회사에 의해 건축된다.

→ Se construyen los edificios. 그 건물들이 건축된다.

La catedral es restaurada por el ayuntamiento.

대성당은 시청에 의해 복원된다.

→ Se restaura la catedral. 대성당이 복원된다.

10.3.2. 비인칭의 se

3인칭 단수동사와 쓰이며, '(일반적으로 또는 사람들이) ~이다'라는 의미를 갖는다. 따라서 흔히 「일반주어」라고도 부른다.

Se come arroz en Corea. 한국에서는 (일반적으로) 밥을 먹는다.

No se fuma aquí. 여기서는 (모두) 금연입니다.

Se trabaja mucho en esta compañía. 이 회사에서는 (모두) 열심히 일한다.

비인칭 구문은 se없이 3인칭 복수동사로 쓰이기도 한다.

Se dice que va a llover. (사람들이) 비가 올 것이라고 말한다.

= Dicen que va a llover.

Se habla español en México. 멕시코에서는 스페인어를 한다.

= Hablan español en México.

1. 문맥에 알맞게 빈칸을 채우시오.

1) Soy más alto ▢▢▢▢▢▢ tú.

2) Tienes ▢▢▢▢▢▢ libros que yo.

3) Carlos trabaja más ▢▢▢▢▢▢ Juan.

4) Brasil es tan grande ▢▢▢▢▢▢ Estados Unidos.

5) Él es ▢▢▢▢▢▢ más simpático de todos.

6) He dejado ▢▢▢▢▢▢ los libros como el diccionario en la mesa.

7) Este es el palacio más hermoso ▢▢▢▢▢▢ la ciudad.

8) Ella tiene más ▢▢▢▢▢▢ tres euros.

9) Prefiero el inglés ▢▢▢▢▢▢ francés.

10) Él habla tan despacio ▢▢▢▢▢▢ puedo entenderlo bien.

2. 다음 문장들에서 쓰인 se의 기능을 설명하시오.

1) Se construye la casa.

2) Se vive feliz aquí.

3) Se abre la puerta.

4) Se lo regalo a ella.

5) Se vende piso.

6) Se corta el árbol.

7) Se habla español en México.

8) Se despierta ella muy temprano.

9) Se dice que es verdad.

10) Se rompe la ventana.

GRAMÁTICA ESPAÑOLA

제 **11** 과

화자와 청자가 이미 지시 대상을 알고 있는 경우에 반복을 피하기
위해서 쓴다. 지시형용사와는 달리 지시대명사에는 추상적 대상을 지
칭하는 중성이 있으며, 중성 지시대명사에는 복수가 없다.

11.1.1. este

'이것'이라는 의미이며, 화자(yo)에게 거리상 가까운 것을 가리킬 때
쓰인다. 성과 수에 따라 다음과 같이 변한다.

성 \ 수	단수	복수
남성	este	estos
여성	esta	estas
중성	esto	-

¿Cuánto cuesta este [= este libro]? 이것 (이 책)은 얼마입니까?

Me gustan estos [= estos pantalones]. 나는 이것들 (이 바지들)이 맘에 든다.

Esta es la casa de Juan. 이것은 후안의 집이다.

¿Qué es esto? 이것은 무엇입니까?

Esto es muy importante. 이것은 매우 중요하다.

11.1.2. ese

'그것'이라는 의미이며, 청자(tú/Ud.)에게 가까운 것을 가리킬 때 쓰인다. 성과 수에 따라 다음과 같이 변한다.

성＼수	단수	복수
남성	ese	esos
여성	esa	esas
중성	eso	-

Esta camisa es de España y esa es de Italia.
이 셔츠는 스페인 산이고 그것은 이탈리아 산이다.

Estas chicas son mis amigas y esas son mis primas.
이 소녀들은 나의 여자친구들이고 그 소녀들은 나의 사촌들이다.

Ese es muy útil para mí. [Ese=Ese libro]
그것 [그 책]은 나에게 매우 유용하다.

¿Qué es eso? 그것은 무엇입니까?

11.1.3. aquel

'저것'이라는 의미이며, 화자와 청자 모두에게 먼 것을 가리킬 때 쓰인다. 성과 수에 따라 다음과 같이 변한다.

성＼수	단수	복수
남성	aquel	aquellos
여성	aquella	aquellas
중성	aquello	-

Esta calle es más ancha que aquella. 이 거리는 저 거리보다 넓다.

Ese coche es más caro que aquel. 그 차는 저 차보다 비싸다.

Este café es descafeinado, pero aquellos son normales.
이 커피는 카페인이 없는 것이지만, 저것들은 보통 커피들이다.

¿Qué es aquello? 저것은 무엇입니까?

💡 참고

aquel/aquella와 este/esta는 각각 '전자'와 '후자'라는 의미로도 쓰인다.

Elena está hablando con varias chicas; aquella es una cantante famosa y estas son sus fanáticas.
엘레나는 여러 명의 소녀들과 이야기를 하고 있는데, 전자는 유명한 가수이고 후자는 그녀의 열성 팬들이다.

11.2 소유형용사 후치형과 소유대명사

소유형용사 후치형은 전치형과는 달리 명사 뒤에서 수식하며 (☞ 2 과 소유형용사 전치형), 소유대명사는 이미 언급된 명사를 되풀이 하 지 않기 위해 사용된다.

11.2.1. 소유형용사 후치형

소유형용사 후치형을 사용할 때는 명사 앞에 정·부정관사, 지시, 수 량, 부정(不定) 형용사 등이 출현한다.

인칭 ＼ 수	단수	복수
1인칭	mío míos mía mías	nuestro nuestros nuestra nuestras
2인칭	tuyo tuyos tuya tuyas	vuestro vuestros vuestra vuestras
3인칭	suyo suyos suya suyas	suyo suyos suya suyas

Un amigo mío vive en Bolivia. 내 친구 한 명은 볼리비아에 산다.

He recibido varias cartas tuyas. 나는 네 편지를 여러 통 받았다.

Esta cama nuestra es muy antigua. 우리의 이 침대는 매우 오래된 것이다.

Algunos libros vuestros están debajo del escritorio.
너희들의 책 몇 권은 책상 밑에 있다.

11.2.2. 소유대명사

「정관사 또는 lo + 소유격 후치형」형태로써, 이미 앞에서 언급된 명사를 반복하지 않기 위해 사용된다.

단수	복수	중성
el mío la mía	los míos las mías	lo mío
el tuyo la tuya	los tuyos las tuyas	lo tuyo
el suyo la suya	los suyos las suyas	lo suyo
el nuestro la nuestra	los nuestros las nuestras	lo nuestro
el vuestro la vuestra	los vuestros las vuestras	lo vuestro
el suyo la suya	los suyos las suyas	lo suyo

Mi abuela y la tuya son amigas. 나의 할머니와 너의 할머니는 친구이다.

Su ordenador es más caro que el mío. 그의 컴퓨터는 나의 것보다 비싸다.

¿Cuál es el tuyo? 어느 것이 너의 것이니?
- El mío es este. 나의 것은 이것이야.

Juan piensa solo en lo suyo. 후안은 자기 것만을 생각한다.

Mi boli y el de Pedro están en la mochila.
나의 볼펜과 뻬드로의 것은 배낭에 있다.

주로 의문사를 사용해 만들며, 필요에 따라 다양한 품사와 함께 쓰인다.

¡Qué amable eres! 너는 얼마나 친절한지!

¡Qué guapa es! 얼마나 예쁜지!

¡Qué calor hace hoy! 오늘은 얼마나 더운지!

¡Qué libro tan interesante! 얼마나 재미있는 책인지!

¡Cuántos libros tienes! 너는 책들이 참 많구나!

¡Cuánto saben ellos! 그들은 얼마나 많이 아는지!

의문사를 사용하지 않고도 다음과 같이 다양한 감탄문을 만들 수 있다.

¡Dios mío! 맙소사!   ¡Madre mía! 세상에!

¡Estupendo! 훌륭해!   ¡Fantástico! 환상적이야!

1. 괄호 안의 내용에 따라 빈칸에 알맞은 지시대명사를 넣으시오.

1) Este libro y ▨▨▨▨▨▨▨▨▨ (저 책들).

2) Estos chicos y ▨▨▨▨▨▨▨▨▨ (저 소년들).

3) ¿Qué es ▨▨▨▨▨▨▨▨ (이것)?

4) ¿Qué es ▨▨▨▨▨▨▨▨ (그것)?

5) ¿Qué es ▨▨▨▨▨▨▨▨ (저것)?

6) Estas señoras son mis tías y ▨▨▨▨▨▨▨▨ (저 부인) es mi abuela.

7) Esa calle es más estrecha que ▨▨▨▨▨▨▨▨▨ (저 거리들).

8) Su coche es más nuevo que ▨▨▨▨▨▨▨▨ (저 차).

9) Esas chicas son mis hermanas y ▨▨▨▨▨▨▨▨ (저 소녀들) son las tuyas.

10) Isabel habla con Juan; ▨▨▨▨▨▨▨ (전자) es profesora y ▨▨▨▨▨▨▨ (후자) es su alumno.

2. 괄호 안의 내용에 따라 빈칸에 알맞은 소유형용사나 소유대명사를
   넣으시오.

1) Un amigo _____ (나의) vive en Bogotá.

2) He recibido varias cartas _____ (그의).

3) La cama _____ (너의) es muy nueva.

4) Algunos libros _____ (너희들의) están en la clase.

5) Mi boli y _____ (너의 것들) están en la mochila.

6) Mi casa está muy cerca de _____ (너희들의 것들).

7) Tú piensas solo en _____ (너의 것).

8) ¿Cuál es el tuyo? - _____ (나의 것) es este.

9) Su ordenador es más moderno que _____ (우리들의 것).

10) Su abuela y _____ (나의 할머니) son hermanas.

Nota

GRAMÁTICA
ESPAÑOLA

제 **12** 과

과거의 어느 한 시점에 완결된 동작이나 상태를 표현한다.

12.1.1. 규칙 동사 변화

hablar (말하다)		comer (먹다)		vivir (살다)	
hablé	hablamos	comí	comimos	viví	vivimos
hablaste	hablasteis	comiste	comisteis	viviste	vivisteis
habló	hablaron	comió	comieron	vivió	vivieron

　다음 동사들은 어간 자음의 음가를 유지하기 위해 1인칭 단수를 불규칙 형태인 llegué, busqué, empecé, toqué로 각각 나타낸다.

> llegar (도착하다): llegué, llegaste, llegó, llegamos, llegasteis, llegaron
> buscar (찾다): busqué, buscaste, buscó, buscamos, buscasteis,
> 　　　　　buscaron
> empezar (시작하다): empecé, empezaste, empezó, empezamos,
> 　　　　　empezasteis, empezaron
> tocar (만지다): toqué, tocaste, tocó, tocamos, tocasteis, tocaron

12.1.2. 용법

1) 과거의 어느 순간에 일어나서 종결된 동작이나 상태를 표현한다.

　Ayer hablé con ella. 나는 어제 그녀와 이야기 했다.

Ella comió el espagueti con Juan. 그녀는 후안과 스파게티를 먹었다.

El avión llegó a tiempo. 비행기는 정시에 도착했다.

Los alumnos empezaron a leer en voz alta.
학생들은 큰 소리로 읽기 시작했다.

Él tomó un taxi para ir al centro comercial.
그는 쇼핑센터로 가기 위해 택시를 탔다.

2) 과거에 지속되었던 동작이나 상태라도 구체적인 기간이나 횟수가 명시되면
단순과거를 쓴다. 이는 그 동작이나 상태가 과거의 일정 기간 및 횟수 내에서
결국은 종결되었음을 표현하기 때문이다.

Ella trabajó en Guatemala durante dos años.
그녀는 과테말라에서 2년간 일했다.

Ellos vivieron veinte años en los Estados Unidos.
그들은 미국에서 20년간 살았다.

El mes pasado visité tres veces a mis primos.
지난달에 나는 사촌들을 세 번 방문했다.

12.1.3. 불규칙 동사 변화와 용법

1) 어간 모음 e>i, o>u 변화 동사들

3인칭 단·복수에서 e가 i로, o가 u로 변하는 동사들이다.

pedir (요구하다): pedí, pediste, pidió, pedimos, pedisteis, pidieron
seguir (계속하다): seguí, seguiste, siguió, seguimos, seguisteis,
　　　　　　　　siguieron
sentir (느끼다): sentí, sentiste, sintió, sentimos, sentisteis, sintieron
servir (봉사하다): serví, serviste, sirvió, servimos, servisteis, sirvieron
dormir (자다): dormí, dormiste, durmió, dormimos, dormisteis,
　　　　　　　durmieron
morir (죽다): morí, moriste, murió, morimos, moristeis, murieron

Me pidieron la tarjeta de crédito. 그들은 내게 신용카드를 요구했다.

Ellos siguieron el camino en la misma dirección.
그들은 같은 방향으로 계속 길을 갔다.

Sentí mucho su ausencia. 나는 당신이 없어 유감이었다.

Los camareros nos sirvieron la comida.
웨이터들은 우리에게 음식을 가져다주었다.

Él anoche durmió casi diez horas seguidas.
그는 어제 밤 거의 10시간을 계속 잤다.

¿Cómo murió ese rey? 그 왕은 어떻게 죽었니?

2) 어간에 -y- 첨가 동사들

　3인칭 단·복수에서 어미 -ió가 -yó로, -ieron이 -yeron으로 변하는 동
사들이다.

caer (떨어지다): caí, caíste, cayó, caímos, caísteis, cayeron
creer (믿다): creí, creíste, creyó, creímos, creísteis, creyeron
leer (읽다): leí, leíste, leyó, leímos, leísteis, leyeron
oír (듣다): oí, oíste, oyó, oímos, oísteis, oyeron

Las hojas cayeron al suelo. 나뭇잎들이 바닥에 떨어졌다.

El entrenador creyó en ese jugador. 감독은 그 선수를 믿었다.

Mis padres leyeron mi carta. 부모님께서 나의 편지를 읽으셨다.

Ayer la oí cantar a ella. 나는 어제 그녀가 노래하는 것을 들었다.

3) 기타 주요 불규칙 동사들

아래의 불규칙 동사들은 1,3인칭 단수에서 강세가 어간에 놓이는 특수한 형태를 취한다.

andar (걷다): anduve, anduviste, anduvo, anduvimos, anduvisteis, anduvieron

caber (들어갈 수 있다): cupe, cupiste, cupo, cupimos, cupisteis, cupieron

conducir (운전하다): conduje, condujiste, condujo, condujimos, condujisteis, condujeron

dar (주다): di, diste, dio, dimos, disteis, dieron

decir (말하다): dije, dijiste, dijo, dijimos, dijisteis, dijeron

estar (있다): estuve, estuviste, estuvo, estuvimos, estuvisteis, estuvieron

haber (있다): hube, hubiste, hubo, hubimos, hubisteis, hubieron

hacer (하다): hice, hiciste, hizo, hicimos, hicisteis, hicieron

ir (가다): fui, fuiste, fue, fuimos, fuisteis, fueron

poder (~할 수 있다): pude, pudiste, pudo, pudimos, pudisteis, pudieron

poner (놓다): puse, pusiste, puso, pusimos, pusisteis, pusieron

querer (좋아하다): quise, quisiste, quiso, quisimos, quisisteis, quisieron

saber (알다): supe, supiste, supo, supimos, supisteis, supieron

ser (~이다): fui, fuiste, fue, fuimos, fuisteis, fueron (☞ ir 참조)

tener (가지다): tuve, tuviste, tuvo, tuvimos, tuvisteis, tuvieron

traer (가져오다): traje, trajiste, trajo, trajimos, trajisteis, trajeron
venir (오다): vine, viniste, vino, vinimos, vinisteis, vinieron
ver (보다): vi, viste, vio, vimos, visteis, vieron

Todo el día anduve por las calles de Toledo.
나는 하루 종일 똘레도 거리를 걸어 다녔다.

Ese armario no cupo por esta puerta.
그 옷장은 이 문으로 들어가지 못했다.

Ellos condujeron cinco horas sin descansar.
그들은 5시간 동안 쉬지 않고 운전했다.

Ayer él me dio su palabra.
그는 어제 내게 약속했다.

Ellos dijeron la verdad a la policía.
그들은 경찰에게 사실을 말했다.

¿Cuánto tiempo estuviste en México?
너는 멕시코에 얼마동안 있었니?

Hubo mucha gente en la plaza.
광장에는 많은 사람들이 있었다.

El gobierno hizo muchos esfuerzos por salvar a los rehenes.
정부는 인질들을 구출하기 위해 많은 노력을 기울였다.

El año pasado fuimos a la piscina.
우리는 작년에 그 수영장에 갔다.

Los niños pudieron disfrutar de buen tiempo en la playa.
아이들은 해변에서 좋은 날씨를 즐길 수 있었다.

Pedro puso una manzana en la cesta.
뻬드로는 바구니에 사과 하나를 담았다.

El profesor quiso hablar con los alumnos.

선생님은 학생들과 이야기하고 싶어했다.

¿Cómo lo supiste?

너는 그것을 어떻게 알았니?

Ella fue profesora, pero ahora es empresaria.

그녀는 선생님이었으나 지금은 기업가이다.

Tuvimos muchas oportunidades para evitar esta crisis económica.

우리는 현 경제 위기를 피할 수 있는 많은 기회를 가졌었다.

La secretaria me trajo un documento.

그 여비서는 내게 서류 하나를 가져왔다.

Vicente vino aquí con toda la familia.

비센떼는 가족 모두와 함께 여기로 왔다.

Ella vio a Pablo la semana pasada.

그녀는 빠블로를 지난 주에 보았다.

12.2 단순과거와 현재완료

현재완료는 「과거의 일이지만, 그 결과가 실제적이든 심리적이든 현재까지 영향을 미치고 있는 경우」에 주로 사용된다. 반면, 단순과 거는 과거의 사실을 나타내더라도 현재와의 관련성을 배제하는 경 우에 사용된다. 따라서 현재완료는 주로 「현재와 관련이 있음」을 나 타내는 부사나 부사구 (hoy, esta mañana, esta tarde, esta noche, esta semana, este mes, este año, aún, todavía, ya, nunca, jamás 등)과 함께 쓰이며, 단순과거는 명백한 과거의 의미를 갖는 부사나 부사구 (ayer, anteayer, la semana pasada 등)과 함께 쓰인다.

Ya he leído *La guerra y la paz.*
나는 이미 『전쟁과 평화』를 읽었다.

Todavía no he terminado el trabajo.
나는 아직 과제를 다 마치지 못했다.

Jamás he visto a una chica tan guapa como tú.
나는 너처럼 예쁜 여자를 결코 본 적이 없다.

Hemos comido pan esta mañana.
우리는 오늘 아침에 빵을 먹었다.

Ayer estudié mucho, pero hoy no he hecho nada.
나는 어제 열심히 공부했으나, 오늘은 아무 것도 하지 않았다.

El año pasado leí esa novela.
나는 작년에 그 소설을 읽었다.

La reunión terminó a eso de las diez.
회의는 10시경에 끝났다.

Bebimos vino con el abogado hace dos días.
우리는 이틀 전에 그 변호사와 포도주를 마셨다.

동일한 사건이나 상황에 대해서 화자가 「심리적인 현재 관련성 및 지속성」을 표현할 경우 현재완료를 사용하고 그렇지 않을 경우 단순 과거를 사용한다.

Ya ha llegado el avión. 비행기가 이미 도착했다.
Ya llegó el avión. 비행기가 이미 도착했다.

He escrito varias cartas. 나는 여러 통의 편지를 썼다.
Escribí varias cartas. 나는 여러 통의 편지를 썼다.

Ha muerto mi perro. 나의 개가 죽었다.
Murió mi perro. 나의 개가 죽었다.

1. 괄호 안의 동사를 직설법 단순과거 형태로 알맞게 변화시키시오.

1) El tren _____ (llegar) a tiempo.

2) Ellos _____ (vivir) cinco años en México.

3) Yo _____ (estudiar) siete años en Madrid.

4) Ella me _____ (traer) un vaso de agua.

5) Vosotros _____ (ir) a la piscina.

6) Por fin yo _____ (tomar) la decisión.

7) El profesor _____ (querer) enseñar mucho a los alumnos.

8) Ayer nosotros _____ (hablar) con el profesor.

9) Tú no _____ (creer) en mis palabras.

10) Anoche ella _____ (dormir) bien.

11) Ellos _____ (poder) descansar mucho en casa.

12) Yo _____ (leer) tu carta.

13) Vosotros _____ (empezar) a leer en voz alta.

14) ¿Cuánto tiempo _____ (estar) tú en el ejército?

15) Él _____ (trabajar) en esa compañía durante diez meses.

2. 괄호 안의 동사를 문맥에 맞게 직설법 단순과거나 현재완료로 변화
시키시오.

1) Todavía yo no ＿＿＿＿＿＿＿＿ (hacer) el trabajo.

2) Ayer nosotros ＿＿＿＿＿＿＿＿ (beber) mucha cerveza.

3) En ese bar nosotros ＿＿＿＿＿＿＿＿ (comer) con ella.

4) Yo le ＿＿＿＿＿＿＿＿ (mandar) a ella muchos e-mails hasta
ahora.

5) Ella ＿＿＿＿＿＿＿＿ (poner) la mano sobre mi hombro en ese
momento.

6) Aún no ＿＿＿＿＿＿＿＿ (venir) ellos.

7) ¿ ＿＿＿＿＿＿＿＿ (probar) tú alguna vez los tacos?

8) Nosotros ＿＿＿＿＿＿＿＿ (tener) mucho sueño durante la clase.

GRAMÁTICA
ESPAÑOLA

제 **13** 과

주로 과거의 불특정한 시간 동안 지속된 행위나 습관적인 행동을 표현한다. 또한 과거의 상황을 묘사할 때도 쓰인다.

13.1.1. 동사 변화

[규칙 변화]

hablar (말하다)		comer (먹다)		vivir (살다)	
hablaba	hablábamos	comía	comíamos	vivía	vivíamos
hablabas	hablabais	comías	comíais	vivías	vivíais
hablaba	hablaban	comía	comían	vivía	vivían

[불규칙 변화]

ver (보다): veía, veías, veía, veíamos, veíais, veían
ser (~이다): era, eras, era, éramos, erais, eran
ir (가다): iba, ibas, iba, íbamos, ibais, iban

13.1.2. 용법

1) 과거에 지속된 행위

Yo no hacía nada. 나는 아무 것도 하지 않고 있었다.

Carmen leía la revista mientras Roberto veía la televisión.
로베르또가 TV를 보고 있는 동안에 까르멘은 잡지를 읽고 있었다.

Ella envió el e-mail [=correo electrónico] mientras él cocinaba.
그가 요리를 하고 있는 동안 그녀는 이메일을 보냈다.

2) 과거의 습관적인 행동

Yo iba a Masan. 나는 마산에 가곤 했다.

El soldado escuchaba la radio todas las noches.
그 군인은 밤마다 라디오를 듣곤 했다.

Cuando estábamos en España, viajábamos por el norte.
우리는 스페인에 있을 때 북쪽을 여행하곤 했다.

💡 참고

「soler의 불완료과거 + inf.」을 사용하여 과거의 습관적 행동을 표현하기도 한다.

El gerente solía invitarme a su fiesta.
지배인은 나를 자신의 파티에 초대하곤 했다.

Julio y yo solíamos ir al cine los fines de semana.
훌리오와 나는 주말마다 극장에 가곤 했다.

3) 과거의 상황 묘사

El cielo estaba nublado y soplaba mucho viento.
하늘은 흐렸고 바람이 많이 불었다.

Yo tenía que aprobar el examen para ser médico.
나는 의사가 되기 위해 시험을 통과해야만 했다.

El arquitecto no podía hacer nada por la falta de luz en su oficina.
그 건축가는 사무실에 불이 들어오지 않아 아무 것도 할 수 없었다.

4) 정중한 표현

¿Qué quería Ud.? 무엇을 원하십니까?

¿Qué deseaba Ud.? 무엇을 원하십니까?

주의

「ir의 불완료 과거형 + a + inf.」는 과거에 의도했으나 이루지 못한 사실을 표현할 수 있다.

Iba a llamarte. 너에게 전화하려고 했었다. (그러나 하지 못했다)

13.2 직설법 과거완료

「haber의 불완료과거 + 과거분사」 형태를 취하며, 어떤 행위나 동작이 과거의 한 시점을 기준으로 그 이전에 완료되었음을 나타낸다.

13.2.1. 형태

había
habías
había
habíamos
habíais
habían

+ 과거분사 (hablado, comido, vivido)

13.2.2. 용법

Ya habían salido los clientes cuando los llamé por teléfono.
내가 전화했을 때 손님들은 이미 나갔다.

Ya habíamos empezado la conferencia cuando llegaste.
네가 도착했을 때 우리는 이미 회의를 시작했다.

Él me dijo que ya lo había terminado.
그는 내게 이미 그것을 다 끝냈다고 말했다.

13.3 사칙연산(四則演算)과 분수(分數)

13.3.1. 사칙연산

$3 + 6 = 9$ Tres **más** seis son nueve.

$10 - 3 = 7$ Diez **menos** tres son siete.

$4 \times 5 = 20$ Cuatro **por** cinco son veinte.

$8 \div 4 = 2$ Ocho **entre** cuatro son dos.

[= Ocho **dividido por** cuatro son dos.]

결과가 복수이면 동사도 복수(son)가 되며 0이나 1인 경우에는 단수(es)가 된다.

$2 - 2 = 0$ Dos **menos** dos es cero.

$5 \div 5 = 1$ Cinco **entre** cinco es uno.

13.3.2. 분수

분자에는 기수를, 분모에는 서수를 쓴다. $\frac{1}{2}$과 $\frac{1}{3}$에서는 분모에 각각 정해진 명사(medio, tercio)를 쓴다. 분자가 복수이면 분모도 복수가 된다.

$\frac{1}{2}$ un medio [= la mitad]

$\frac{1}{3}$ un tercio [= una tercera parte]

$\frac{1}{4}$ un cuarto [= una cuarta parte]

$\frac{1}{5}$ un quinto [= una quinta parte]

$\frac{1}{10}$ un décimo [= una décima parte]

$\frac{2}{3}$ dos tercios [= dos terceras partes]

13.4 「hacer + 명사」 관용 구문

아래의 표현들은 「날씨 표현」(☞ 8.2.참조)이외에 대표적으로 많이 쓰이는 「hacer + 명사」 관용 구문이다.

Mario hizo la cama. 마리오는 잠자리를 준비했다.

Mi mamá está haciendo la maleta. 나의 엄마는 짐을 꾸리고 계신다.

Yo quiero hacer un viaje por España. 나는 스페인을 여행하고 싶다.

Yo iba a hacerte una pregunta. 나는 너에게 질문을 하나 하려고 했다.

Pedro hizo un estudio de la economía europea.
뻬드로는 유럽 경제에 대해 연구했다.

Hicimos un esfuerzo por conseguirlo. 우리는 그것을 얻기 위해 노력했다.

1. 괄호 안의 동사를 직설법 불완료과거 형태로 알맞게 변화시키시오.

1) Tú _____ (hacer) muchas preguntas en la clase.

2) Ella _____ (hablar) con el vecino.

3) Nosotros _____ (escuchar) la radio.

4) La casa _____ (tener) muchas habitaciones.

5) Yo _____ (ir) al cine con ella.

6) Carmen _____ (ver) la televisión.

7) Nosotros _____ (estar) charlando en el bar.

8) Ellos _____ (hablar) bien de mí.

9) Ella no _____ (poder) permitírmelo.

10) Mi hermano _____ (leer) el libro.

11) ¿Qué _____ (querer) Ud.?

12) Vosotros _____ (viajar) en coche.

2. 문맥에 맞게 괄호 안의 동사를 직설법 단순과거나 불완료과거, 또는 과거완료로 변화시키시오.

1) Cuando nosotros _____ (ser) niños, _____ (ir) al río a nadar.

2) Cuando yo _____ (comer), mi hermano _____ (entrar) en casa.

3) Cuando yo la _____ (ver), ella _____ (hablar) con él.

4) Cuando él _____ (llegar) a la clase, ya _____ (terminar).

5) Ella me _____ (decir) que el tren ya _____ (partir).

6) El clima _____ (ser) muy agradable mientras yo _____ (hacer) un viaje por Cuba.

3. 다음을 스페인어로 쓰시오.

1) $4 + 6 = 10$ _____.

2) $23 - 14 = 9$ _____.

3) $8 \times 9 = 72$ _____.

4) $16 \div 2 = 8$ _____.

5) $\frac{1}{3}$ _____.

6) $\frac{1}{4}$ _____.

GRAMÁTICA ESPAÑOLA

제 **14** 과

14.1.1. que

성·수 변화를 하지 않으며 선행사가 사물 또는 사람인 경우 모두 사용된다.

Tengo un hermano que tiene 15 años. 나는 15살짜리 동생이 있다.

Me gusta aquella pintura que está en la pared.
나는 벽에 있는 저 그림이 맘에 든다.

El profesor que nos enseña español es mexicano.
우리에게 스페인어를 가르치시는 선생님은 멕시코 사람이다.

Hoy tenemos una clase de economía, que termina a las cinco y media.
오늘 우리는 경제학 수업이 있는데, 5시 반에 끝난다.

Tengo un hermano, que tiene 15 años.
내게 동생이 하나 있는데, 15살이다.

선행사가 「고유명사」나 「인칭대명사」인 경우에는 설명적 용법으로만 쓰인다.

Allí está el señor López, que es peruano.
저기 로뻬스씨가 있는데, 그는 페루 사람이다.

Estoy de acuerdo con él, que siempre dice la verdad.
나는 그의 의견에 동의하는데, 그는 항상 진실을 말한다.

선행사가 사람이든 사물이든 전치사를 동반할 때는 선행사에 상응하는 정관사를 동반한다.

El bolígrafo con el que escribo es azul.
내가 쓰고 있는 볼펜은 파란색이다.

Los temas de los que trata este libro son útiles.
이 책이 다루고 있는 주제들은 유용하다.

Voy a comprar la casa en la que vive Juan.
나는 후안이 살고 있는 집을 살 것이다.

Esa es la razón por la que no asistimos a la reunión.
그것이 우리가 모임에 참석하지 않은 이유이다.

No me gusta esa cantante de la que me hablabas.
나는 네가 말하던 그 여가수를 좋아하지 않는다.

Conozco al hombre con el que va a casarse María.
나는 마리아가 결혼하려는 그 남자를 안다.

Voy a invitar a la cena al hombre en el que piensas.
나는 네가 생각하고 있는 그 남자를 저녁식사에 초대할 것이다.

14.1.2. quien

선행사가 사람인 경우 사용되며, 필요에 따라 전치사를 동반할 수 있다. 선행사에 따라 수 변화를 한다.

El periodista a quien visitaste es mi hermano.
네가 방문했던 그 기자는 나의 형이다.

La actriz con quien habló Juan es cubana.
후안이 이야기를 나누었던 여배우는 쿠바 사람이다.

El peluquero de quien hablasteis ayer está allí.
어제 너희들이 이야기했던 그 미용사가 저기에 있다.

관계대명사 quien이 주격인 경우 설명적 용법으로만 쓰인다.

Un amigo mío, quien es japonés, quiere estudiar en mi país.
내 친구는 일본 사람인데, 우리나라에서 공부하고 싶어 한다.

Conozco a aquellos alumnos, quienes publicaron la revista.
나는 저 학생들을 아는데, 그들은 그 잡지를 출간했다.

'~하는 사람(들)'이라는 의미의 선행사를 포함하는 관계대명사로도 쓰인다.

Quien sabe mucho habla poco. 많이 아는 자는 적게 말한다.

A quien madruga, Dios le ayuda.
일찍 일어나는 자는 하늘이 돕는다. (부지런한 자가 성공한다)

Son Uds. quienes deben encargarse del futuro.
미래를 짊어져야 할 사람들은 바로 당신들이다.

14.1.3. el que와 el cual

1) el que (la que, los que, las que)

선행사 역할을 할 수 있는 명사가 둘 이상 있을 때 어느 것이 선행사인지 명시하기 위해 쓰인다.

Allí viene Carmen con su hijo, el que trabaja en la Embajada de
Colombia en Corea.
저기 까르멘이 아들과 함께 오는데, 그 아들은 주한 콜롬비아 대사관에서 일하고 있다.

'~하는 사람(들)'이라는 의미의 선행사를 포함하는 관계대명사로도
쓰인다. 이 경우에는 quien으로 대체가 가능하다.

El que [= Quien] sabe mucho habla poco.
많이 아는 자는 적게 말한다.

Es Marta la que [= quien] te envió ese e-mail.
네게 그 이메일 보낸 사람은 마르따이다.

2) el cual (la cual, los cuales, las cuales)

용법은 대체로 el que 형과 유사하지만, 선행사를 포함하는 관계대
명사로는 사용되지 않는다.

Allí están Víctor y Marta, la cual [= la que] era mi vecina.
저기 빅또르와 마르따가 있는데, 마르따는 내 이웃이었다.

El lápiz con el cual [= con el que] escribo es muy suave.
내가 쓰고 있는 연필은 매우 부드럽다.

Esta es la razón por la cual [= por la que] dejé de fumar.
이것이 바로 내가 담배를 끊은 이유이다.

14.1.4. lo que와 lo cual

선행사가 문장 전체인 경우 사용되며 '~하는 것'으로 해석된다. lo que와 lo cual의 용법은 동일하지만, 선행사 없이 독립적으로 쓰이는 경우에는 lo que만이 쓰인다.

Nuestro equipo ganó el partido, lo cual [= lo que] nos alegró mucho a todos.
우리 팀이 경기에서 이겼고, 그것은 모두를 무척 기쁘게 했다.

El comité rechazó mi propuesta, de lo que [= de lo cual] hablé en serio con mis amigos.
위원회는 나의 제안을 거절했고, 나는 그에 관해 친구들과 심각하게 이야기를 나누었다.

No entiendo lo que me dices.
네가 내게 말하는 것을 이해할 수 없다.

Lo que quiero decir ahora es que ya es la hora de tomar una decisión.
지금 내가 말하고 싶은 것은 이제 결정을 내릴 때가 됐다는 것이다.

14.2 관계형용사

관계사의 기능을 가진 형용사이므로 관계형용사라 부른다. 주의할 점은 선행사의 성·수를 따르는 것이 아니라 수식하는 명사의 성·수를 따른다는 것이다. 관계대명사와 마찬가지로 전치사를 동반할 수 있으며, 설명적 용법과 제한적 용법 모두 가능하다.

14.2.1. cuyo

수식하는 명사의 성과 수에 따라 cuyo, cuya, cuyos, cuyas로 변한다. '(선행사)의 ~'라는 의미를 갖는다.

Conozco a una señora cuyos tres hijos son soldados.
나는 세 아들이 군인인 부인을 안다.

El chico, cuya familia vive en Argentina, quiere trabajar en Corea.
그 소년은 가족이 아르헨티나에 살고 있는데 한국에서 일하고 싶어 한다.

14.2.2. cuanto

수식하는 명사의 성과 수에 따라 cuanto, cuanta, cuantos, cuantas로 변한다. '~하는 모든 (것)'이라는 의미를 갖는다.

Invertí cuanto dinero tenía en aquella empresa.
나는 갖고 있던 돈을 모두 저 회사에 투자했다.

Quemaron cuantos documentos no necesitaban.
그들은 필요 없는 모든 서류를 태웠다.

14.3 관계부사

선행사가 '시간', '장소', '방법' 등일 때 사용된다. 경우에 따라서는 관계대명사 que를 사용하여 바꾸어 쓸 수도 있다.

14.3.1. cuando

Ya es la hora cuando [= en la que] debes partir.
네가 떠나야 할 시간이다.

No debemos cruzar la calle en el momento cuando [= en el que]
el semáforo está en rojo.
우리는 신호등이 빨간불일 때는 길을 건너면 안 된다.

14.3.2. donde

Esta es la cafetería donde [= en la que] me encontré con Isabel.
이 곳이 내가 이사벨을 만났던 카페이다.

La empresa en donde [= en la que] trabajo es grande.
내가 일하고 있는 회사는 크다.

전치사 a를 동반하는 경우, 선행사가 구체적으로 문장에 나타나면
adonde를, 그렇지 않은 경우는 a donde를 쓴다.

Ese es el restaurante adonde vamos a cenar esta noche.
그 곳은 오늘 밤 우리가 저녁을 먹으러 갈 식당이다.

A donde yo voy no podéis venir vosotros.
내가 가는 곳에 너희들은 올 수 없다.

14.3.3. como

Voy a preparar las tareas (del modo) como Pedro me ha explicado.

뻬드로가 내게 설명한 대로 숙제를 준비할 것이다.

No sabemos bien el modo como tuvo éxito ella.

우리는 그녀가 성공한 방식을 잘 모른다.

1. 적절한 관계대명사를 사용하여 문장을 완성하시오.

1) Tengo un hermano ⬚⬚⬚⬚⬚⬚ tiene 15 años.

2) Me encanta ese libro ⬚⬚⬚⬚⬚⬚ tienes tú.

3) Esta es la casa ⬚⬚⬚⬚⬚⬚ vivió esa famosa actriz.

4) Ese es el señor ⬚⬚⬚⬚⬚⬚ hablasteis antes.

5) Muchos amigos, ⬚⬚⬚⬚⬚⬚ estudian inglés, quieren aprender español.

6) ⬚⬚⬚⬚⬚⬚ sabe mucho habla poco.

7) Son ellos ⬚⬚⬚⬚⬚⬚ tienen que hacerlo.

8) Esta es la razón ⬚⬚⬚⬚⬚⬚ deben prepararlo.

9) ⬚⬚⬚⬚⬚⬚ nos importa es ahorrar tiempo.

10) Recibí la beca, ⬚⬚⬚⬚⬚⬚ se alegran mucho mis padres.

2. 적절한 관계형용사나 관계부사를 사용하여 문장을 완성하시오.

1) Él es el pintor ▨▨▨▨▨▨▨▨▨▨ pinturas son muy famosas.

2) Esta es la señora, ▨▨▨▨▨▨▨▨▨▨ familia conozco bien.

3) Le doy ▨▨▨▨▨▨▨▨ dinero tengo.

4) Mi abuela se enfermó el año pasado ▨▨▨▨▨▨▨▨▨▨ yo viajaba por España.

5) Es la empresa ▨▨▨▨▨▨▨▨ trabajo yo.

6) Este es el bar ▨▨▨▨▨▨▨▨ querías tomar café.

7) Yo estaba en el parque ▨▨▨▨▨▨▨▨ pasó una ambulancia.

8) Sabemos bien la manera ▨▨▨▨▨▨▨▨ tuvo éxito ella.

9) Se escapó con ▨▨▨▨▨▨▨▨ documentos importantes tenía.

10) Se llama 'la hora de la verdad' el momento ▨▨▨▨▨▨▨▨ el matador se enfrenta con el toro.

Nota

15.1.1. 불규칙 비교급과 최상급

원급	비교급	최상급
bueno/a	mejor	el/la mejor
malo/a	peor	el/la peor
grande	más grande mayor	el/la más grande el/la mayor
pequeño/a	más pequeño/a menor	el/la más pequeño/a el/la menor

Esta sala es mejor que aquella. 이 방은 저 것보다 좋다.

Esta computadora es peor que esa. 이 컴퓨터는 그것보다 나쁘다.

Mi hermana es menor que tú. 나의 누이는 너보다 어리다.

Sancho es mi mejor amigo. 산초는 나의 가장 좋은 친구이다.

Este es el peor caso. 이것은 최악의 경우이다.

La mayor parte de los alumnos estudian mucho.
대부분의 학생들은 열심히 공부한다.

grande와 pequeño는 두 개의 비교급 및 최상급 형태를 갖고 있다. 일반적으로 「크기나 규모」를 비교할 때는 más나 menos를 붙이고 「나이」를 비교할 때는 mayor나 menor를 쓴다. 또한 「~살 이상/ 미만」을 표현할 때에도 mayor/ menor를 쓴다.

España es dos veces más grande que nuestro país.
스페인은 우리나라보다 두 배 더 크다.

México es mucho más pequeño que los Estados Unidos.
멕시코는 미국보다 훨씬 더 작다.

Estos asientos son para mayores de 65 años de edad.
이 좌석들은 65세 이상의 노인들을 위한 것이다.

Esta película está prohibida para menores de 19 años de edad.
이 영화는 19세 미만의 청소년들에게는 금지되어 있다.

15.1.2. 절대최상급

상대적인 기준 없이 절대적인 관점에서 최상이라는 의미를 나타
낸다. 주로 '최고로' 또는 '무척/매우'라고 해석되며 형용사나 부사에
-ísimo를 붙여 만든다.

guapo → guapísimo   limpio → limpísimo

어간에 이중모음을 갖고 있는 형태들은 단모음화 된다. 또한 어간
자음의 음가를 보존하기 위해 철자가 변하거나 강세의 위치가 변하는
형태들도 있다.

bueno → bonísimo   fuerte → fortísimo

rico → riquísimo   fácil → facilísimo

Cecilia es guapísima. 세실리아는 무척 예쁘다.

Esta habitación es limpísima. 이 방은 무척 깨끗하다.

Esta comida es riquísima. 이 음식은 무척 맛있다.

15.2 상호의 se

'서로'의 의미로 쓰이므로 동사는 주로 복수형으로 쓰인다.

Nos amamos. 우리는 서로 사랑한다.

Romeo y Julieta se abrazan. 로미오와 줄리엣은 서로 포옹한다.

Ellos se escriben cartas. 그들은 서로 편지를 쓴다.

Los participantes se saludan. 참가자들은 서로 인사한다.

Ambos países se respetan mutuamente. 양국은 서로 존중한다.

15.3 중성관사 lo와 중성대명사 lo

15.3.1. 중성관사 lo

스페인어에는 중성 명사가 없으므로 명사와는 함께 쓰이지 못하고 형용사와 함께 쓰여 이를 명사화시킨다.

Lo importante para nosotros es ahorrar tiempo.
우리에게 중요한 것은 시간을 아끼는 것이다.

Me gusta más lo antiguo que lo moderno.
나는 현대적인 것보다 옛 것을 더 좋아한다.

Los obreros hicieron todo lo necesario.
그 노동자들은 필요한 모든 것을 다 했다.

15.3.2. 중성대명사 lo

앞의 문장이나 묵시적으로 상호간에 이미 알고 있는 내용을 대신하여 쓴다.

Mi perro ha muerto hoy. 내 개가 오늘 죽었어.

- Lo siento. 안됐구나.

¿Sabes que ella está enferma? 너 그녀가 아프다는 거 아니?

- No, no lo sabía. 아니, 몰랐어.

ser나 estar 등과 함께 쓰인 주격보어를 받을 수 있다. 대상의 성과 수에 관계없이 lo로 받는다.

¿Eres español? 너는 스페인 사람이니?

- No, no lo soy. Soy francés. 아니, 난 스페인 사람이 아니야. 난 프랑스 사람이야.

¿Ella es abogada? 그녀는 변호사니?

- Sí, lo es. 응, 맞아.

¿No estáis cansadas? 너희들 피곤하지 않니?

- No, no lo estamos. 응, 피곤하지 않아.

아래의 표현들은 대표적으로 많이 쓰이는 「tener + 명사」 관용 구문으로써, 익혀두면 실생활에서 매우 유용하게 쓸 수 있는 구문들이다.

Tengo calor. 나는 덥다.

Él tiene dolor de cabeza. 그는 머리가 아프다.

Ella tiene frío. 그녀는 춥다.

Tenemos ganas de salir esta noche. 우리는 오늘 밤 나가고 싶다.

¿No tenéis hambre? 너희들 배고프지 않니?

Tengo miedo de perderte. 나는 너를 잃을까 두렵다.

¿Por qué tienes tanta prisa? 너는 왜 그렇게 서두르니?

Tenías razón. 네 말이 맞았어.

No tengo sed. 나는 목마르지 않아.

¿Tienes sueño? 너 졸리니?

1. 괄호 안의 내용에 따라 빈칸을 알맞게 채우시오.

1) Eres mi ▨▨▨▨▨▨ (최고의) amigo.

2) Este es ▨▨▨▨▨▨ (최악의) caso.

3) Esta máquina es ▨▨▨▨▨▨ (더 좋은) que aquella.

4) Mi hermano es ▨▨▨▨▨▨ (더 어린) que tú.

5) Es gratis para ▨▨▨▨▨▨ (이상의 어른들) de 65 años de edad.

6) Esta sopa es ▨▨▨▨▨▨ (최고로 맛있는).

7) Esa montaña es ▨▨▨▨▨▨ (최고로 높은).

8) Eres un chico ▨▨▨▨▨▨ (최고로 힘센).

9) Esta pregunta es ▨▨▨▨▨▨ (최고로 쉬운).

10) Ella es ▨▨▨▨▨▨ (최고로 예쁜).

11) Corea es ▨▨▨▨▨▨ (더 작은) que España.

12) Brasil es ▨▨▨▨▨▨ (더 큰) que Argentina.

2. 괄호 안의 내용에 따라 빈칸을 알맞게 채우시오.

1) ＿＿＿＿＿＿＿＿ (중요한 것) para nosotros ahora es estudiar mucho.

2) ¿Eres estudiante? -Sí, ＿＿＿＿＿＿＿＿ (학생) soy.

3) Nos gusta todo ＿＿＿＿＿＿＿＿ (아름다운 것).

4) ¿Sois españolas? -No ＿＿＿＿＿＿＿＿ (스페인 사람) somos. Somos mexicanas.

5) Tenemos que hacerlo ＿＿＿＿＿＿＿＿ (가능한 한 빨리).

6) Dicen que ella está enferma. -Ya ＿＿＿＿＿＿＿＿
   (그녀가 아프다는 사실) sé.

7) ¿Estás cansada? -No, no ＿＿＿＿＿＿＿＿ (피곤한) estoy.

8) ＿＿＿＿＿＿＿＿ (필요한 것) es tiempo.

9) Aunque ella es rica, no ＿＿＿＿＿＿＿＿ (부자인 것) parece.

10) Siento ＿＿＿＿＿＿＿＿ (그 일) de ayer.

GRAMÁTICA ESPAÑOLA

제 **16** 과

일반적으로「미래」라고 불리는 시제로,「현재에서 바라본 미래」를 표현하는 데 쓰인다.

16.1.1. 동사 변화

「동사원형 + 어미 (-é, -ás, -á, -emos, -éis, -án)」의 형태를 취한다. 동사에 따라서는 어간 역할을 하는 동사원형이 변형되는 경우도 있다.

[규칙 변화]

hablar		comer		vivir	
hablaré	hablaremos	comeré	comeremos	viviré	viviremos
hablarás	hablaréis	comerás	comeréis	vivirás	viviréis
hablará	hablarán	comerá	comerán	vivirá	vivirán

[불규칙 변화]

1) 어간에 자음 -d-가 첨가되는 동사들

> poner (놓다): pondré, pondrás, pondrá, pondremos, pondréis,
>   pondrán
> salir (나가다): saldré, saldrás, saldrá, saldremos, saldréis, saldrán
> tener (가지다): tendré, tendrás, tendrá, tendremos, tendréis, tendrán
> venir (오다): vendré, vendrás, vendrá, vendremos, vendréis, vendrán

2) 어미의 모음 -e-가 탈락되는 동사들

> haber (있다): habré, habrás, habrá, habremos, habréis, habrán
> poder (~할 수 있다): podré, podrás, podrá, podremos, podréis, podrán
> querer (좋아하다): querré, querrás, querrá, querremos, querréis,
>   querrán
> saber (알다): sabré, sabrás, sabrá, sabremos, sabréis, sabrán

3) 어간이 축약되는 동사들

> decir (말하다): diré, dirás, dirá, diremos, diréis, dirán
> hacer (하다): haré, harás, hará, haremos, haréis, harán

16.1.2. 용법

1) 현재에서 바라본 미래의 행위나 상태 등을 표현한다.

> Te diré cómo era la película. 영화가 어땠는지 네게 말해줄게.
>
> Haremos todo lo posible. 우리는 가능한 모든 것을 할 것이다.
>
> Mañana vendrán unos amigos míos de los Estados Unidos.
> 내일 내 친구들 몇 명이 미국에서 올 것이다.

미래 표현은 「ir a + inf.」의 형태로도 바꾸어 쓸 수 있다.

> Algún día voy a viajar por América Latina.
> 언젠가 나는 라틴아메리카를 여행할 것이다.
>
> Ellos me van a hablar de Toledo.
> 그들은 내게 똘레도에 대해 말해줄 것이다.

2) 현재나 미래에 대한 추측이나 가능성을 표현한다.

¿Qué hora será ahora? 지금 몇 시쯤 됐을까?

- Serán las siete. 7시쯤 됐을 거야.

Ella tendrá más o menos 50 años de edad. 그녀는 50살쯤 됐을 거야.

En la calle no habrá muchas personas ahora.
지금 길거리에 사람들이 많지 않을 거야.

¿Mañana vendrá mucha gente? 내일 사람들이 많이 올까?

3) 명령을 표현한다.

No comerás más chocolate, ¿verdad? 너 초콜릿 더 이상 안먹을 거지, 그렇지?

Deberás ir al médico. 너 병원에 가야할 것 같다.

주로 미래의 어느 시점에 행동이나 상태가 완료되어 있을 것이라는 의미를 표현한다.

16.2.1. 형태

「haber 동사의 단순미래 + 과거분사」로 이루어진다.

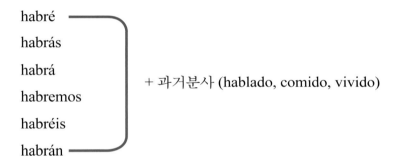

habré
habrás
habrá
habremos
habréis
habrán

+ 과거분사 (hablado, comido, vivido)

16.2.2. 용법

1) 미래의 어느 시점을 기준으로 동작이나 상태가 이미 완료될 것임을 표현한다.

Ellos ya lo habrán hecho para pasado mañana.
그들은 모레까지 그것을 다 해놓을 것이다.

Para el próximo domingo ya habré leído este libro.
나는 오는 일요일까지 이 책을 다 읽을 것이다.

2) 현재 어떤 동작이나 상태가 완료되어 있을 것이라고 상상하거나 추측한다.

Creo que mis padres ya habrán llegado a París a estas horas.
나는 부모님께서 지금쯤 파리에 도착하셨으리라고 생각한다.

Pienso que él ya habrá hecho ese trabajo.
나는 그가 그 일을 이미 다 해 놓았으리라고 생각한다.

16.3 축소사와 증대사

16.3.1. 축소사

-ito 또는 -ita가 주로 쓰인다. 대상을 작고 귀엽게 표현하기 위해 쓰인다.

amigo → amiguito 친구   chica → chiquita 소녀

gato → gatito 고양이   hija → hijita 딸

perro → perrito 개   poco → poquito 적은

16.3.2. 증대사

-ón 또는 -ona가 주로 쓰인다. 대상을 크게 표현하기 위해 쓰이며, 「경멸적인 의미」를 갖는 경우도 있다.

chaqueta 재킷 → chaquetón 외투

cuchara 숟가락 → cucharón 국자

mujer 여자 → mujerona 몸집이 큰 여자

soltera 미혼녀 → solterona 나이가 많이 든 미혼녀

1. 괄호 안의 동사를 단순미래 형태로 알맞게 변화시키시오.

1) ¿Cuándo _____ (volver) tus padres?

2) Ella _____ (tener) más o menos 60 años.

3) ¿Qué hora _____ (ser) ahora?

   - _____ (ser) las tres.

4) ¿ _____ (haber) mucha gente en la plaza?

5) No _____ (beber) vosotros más cerveza.

6) Yo _____ (tener) que preparar el viaje.

7) Tú me _____ (decir) dónde están ellas.

8) Mañana ella _____ (venir) a verme.

9) Nosotros lo _____ (hacer) de inmediato.

10) Vosotros _____ (deber) ir al doctor.

2. 괄호 안의 동사를 문맥에 맞게 단순미래나 미래완료로 변화시키시오.

1) Para pasado mañana yo ya _____ (leer) este libro.

2) Creo que ellos lo _____ (saber) dentro de unas horas.

3) ¿Quién _____ (ser) el que llama a la puerta?

4) Creo que ella ya _____ (llegar) a casa.

5) Nosotros _____ (tener) que hacer un gran esfuerzo.

6) Ellos _____ (salir) esta noche.

7) Ella _____ (ponerse) la bufanda roja.

8) Pienso que vosotros ya _____ (hacer) ese trabajo duro.

9) ¿Desde cuándo vosotros _____ (empezar) a hacerlo?

10) No _____ (haber) nadie en la cafetería a estas horas.

Nota

- -

GRAMÁTICA
ESPAÑOLA

제 **17** 과

앞 과에서 살펴본 단순미래의 기준 시점이 현재라면, 가정미래의 기준 시점은 과거이다. 즉, 「과거에서 바라본 미래」인 것이다. 그렇다고 해서 이 용법으로만 쓰이는 것은 아니다. 「과거를 추측」하거나 「예의를 갖춘 표현」에도 쓰이므로 용법을 기준으로 해서는 한마디로 규정하기 힘든 시제이다. 이런 이유로 인해 교재마다 원어를 그대로 따라 「조건법(condicional)」이나 「가능법(potencial)」등의 명칭으로 다양하게 사용된다. 그러나 이 시제는 별도의 법(modo)이 아닌 직설법의 하위 범주로 분류되므로, 본 교재에서는 이 시제의 성격을 종합적으로 가장 잘 표현하고 있다고 판단되는 명칭인 「가정미래(futuro hipotético)」라는 용어를 사용한다.

17.1.1. 동사 변화

단순미래와 어간(동사원형)은 동일하고 어미변화만 다르다. 즉, 「동사원형 + 어미 (-ía, -ías, -ía, -íamos, -íais, -ían)」의 형태를 취한다. 단순미래와 마찬가지로 동사에 따라서는 어간 역할을 하는 동사원형이 변형되는 경우도 있다.

[규칙 변화]

hablar		comer		vivir	
hablaría	hablaríamos	comería	comeríamos	viviría	viviríamos
hablarías	hablaríais	comerías	comeríais	vivirías	viviríais
hablaría	hablarían	comería	comerían	viviría	vivirían

[불규칙 변화]

1) 어간에 자음 -d-가 첨가되는 동사들

poner (놓다): pondría, pondrías, pondría, pondríamos, pondríais,
    pondrían
salir (나가다): saldría, saldrías, saldría, saldríamos, saldríais, saldrían
tener (가지다): tendría, tendrías, tendría, tendríamos, tendríais, tendrían
venir (오다): vendría, vendrías, vendría, vendríamos, vendríais,
    vendrían

2) 어미의 모음 -e-가 탈락되는 동사들

haber (있다): habría, habrías, habría, habríamos, habríais, habrían
poder (~할 수 있다): podría, podrías, podría, podríamos, podríais, podrían
querer (좋아하다): querría, querrías, querría, querríamos, querríais,
    querrían
saber (알다): sabría, sabrías, sabría, sabríamos, sabríais, sabrían

3) 어간이 축약되는 동사들

decir (말하다): diría, dirías, diría, diríamos, diríais, dirían
hacer (하다): haría, harías, haría, haríamos, haríais, harían

17.1.2. 용법

1) 과거에서 본 미래

José me dijo que lo haría al día siguiente.
호세는 나에게 다음날 그것을 할 것이라고 말했다.

Ellos dijeron que volverían en Navidad.
그들은 크리스마스 때 돌아올 것이라고 말했다.

2) 과거 사실 추측

¿Qué hora sería? 몇 시였을까?

- Serían las cinco. 5시였을거야.

Ayer habría mucha gente en la Plaza Mayor.
어제 마요르 광장에는 많은 사람들이 있었을 거야.

3) 정중한 표현

¿Podría Ud. ayudarme? 저를 도와주실 수 있습니까?

¿No le molestaría si yo abro la ventana? 창문 좀 열어도 될까요?

4) 현재 행위를 이루지 못하는 데 따른 아쉬움 표현 ('~하고는 싶은데...')

특히 gustar나 encantar 등은 현재의 행위를 실행하지 못하는데 따른 아쉬움을 표현한다.

Me gustaría ir contigo, pero no puedo, porque tengo mucho que hacer.
너와 함께 가고는 싶은데, 할 일이 많아서 그럴 수 없어.

Me encantaría tomar una caña de cerveza ahora. (pero no puedo)
지금 생맥주 한 잔 마시고 싶긴 한데. (그러나 그럴 수 없다.)

17.2.1. 형태

「haber의 가정미래 + 과거분사」로 이루어진다.

habría
habrías
habría
habríamos + 과거분사 (hablado, comido, vivido)
habríais
habrían

17.2.2. 용법

1) 과거에서 본 미래완료, 즉 시제일치를 위해 쓰인다.

Él me dijo que el paquete ya habría llegado a casa antes de las siete.
그는 소포가 7시 전에 이미 집에 도착했을 것이라고 내게 말했다.

Él dijo que ellos ya habrían ido de vacaciones en agosto.
그는 그들이 8월에는 이미 휴가를 떠났을 것이라고 말했다.

2) 과거의 행위를 이루지 못한 것에 대한 아쉬움의 표현 ('~했을 텐데...')

Yo me habría divertido un poco más. 조금 더 즐겼을 텐데.

Tú habrías pasado los exámenes. 너는 시험에 통과했을 텐데.

17.3 「dar + 명사」 관용 구문

아래의 표현들은 대표적으로 많이 쓰이는 「dar + 명사」 관용 구문
이다.

Fidel Castro le dio un abrazo a Maradona.
피델 까스뜨로는 마라도나를 포옹했다.

Ella daba un paseo en el parque.
그녀는 공원을 산책하곤 했다.

El conejo dio saltos en el bosque.
토끼가 숲에서 깡충깡충 뛰었다.

No me di cuenta de eso.
나는 그것을 몰랐어.

1. 괄호 안의 동사를 가정미래 형태로 알맞게 변화시키시오.

1) ¿⬛⬛⬛⬛⬛⬛ (poder) Ud. ayudarme?

2) Ellos dijeron que ⬛⬛⬛⬛⬛ (volver) al día siguiente.

3) ¿Qué hora ⬛⬛⬛⬛⬛ (ser) en aquel momento?
   - ⬛⬛⬛⬛⬛ (ser) las once.

4) Ella me dijo que ⬛⬛⬛⬛⬛ (venir) a las cinco de la tarde.

5) Ayer ⬛⬛⬛⬛⬛ (haber) muchas personas en la calle.

6) ¿Le ⬛⬛⬛⬛⬛ (molestar) a Ud. bajar la voz un poquito?

7) Me ⬛⬛⬛⬛⬛ (gustar) salir contigo, pero tengo mucho que hacer.

8) Me ⬛⬛⬛⬛⬛ (encantar) tomar una caña de cerveza ahora.

9) Él me prometió que lo ⬛⬛⬛⬛⬛ (hacer) hoy.

10) ¿Qué ⬛⬛⬛⬛⬛ (querer) Ud.?

2. 괄호 안의 동사를 문맥에 알맞게 가정미래나 가정미래완료로 변화
   시키시오.

1) Ellos me dijeron que _____ (tomar) el sol en la playa.

2) Él dijo que ellos ya _____ (partir) de vacaciones.

3) Le prometí a mi hijo que le _____ (regalar) una bicicleta
   en su cumpleaños.

4) Me di cuenta de que nadie me _____ (llamar) más por
   teléfono.

5) Él nos dijo que ya le _____ (llegar) la carta a ella.

6) Ella le dijo a su madre que _____ (dar) un paseo con el perro.

7) Ellos dijeron que Pedro _____ (venir) hoy.

8) ¿Quién _____ (ser) el que llamó a la puerta?

9) Ellos dijeron que _____ (cumplir) su palabra.

10) Yo creía que ya lo _____ (hacer) ella.

GRAMÁTICA ESPAÑOLA

제 **18** 과

18.1 접속법 현재 1

　지금까지 배운 직설법(直說法)이 화자의 「확신」 또는 「단정」을 표현하는 법이라면, 접속법(接續法)은 주절의 주어가 종속절 내용의 실현 여부에 대해 확신하지 못하는 경우에 사용되는 법이다. 따라서 주절의 동사가 주로 「희망/원망(願望), 불신(不信)/불확신, 회의(懷疑)/부정(否定), 부탁/권고, 사역(使役)/명령, 금지/허용」 등의 의미를 갖고 있는 경우와 「화자의 감정」을 담고 있는 경우에 종속절에서 사용된다.

　접속법에서는 현재가 미래를 대신하므로 접속법 미래시제는 다루지 않는다.

18.1.1. 동사 변화

[규칙 변화]

hablar		comer		vivir	
hable	hablemos	coma	comamos	viva	vivamos
hables	habléis	comas	comáis	vivas	viváis
hable	hablen	coma	coman	viva	vivan

[불규칙 변화]

　불규칙이라도 주로 직설법 현재 1인칭 단수 어간에 준해 어미가 변화한다.

1) 직설법 1인칭 단수와 어간이 동일한 동사들

poner [pongo]: ponga, pongas, ponga, pongamos, pongáis, pongan
tener [tengo]: tenga, tengas, tenga, tengamos, tengáis, tengan
venir [vengo]: venga, vengas, venga, vengamos, vengáis, vengan
salir [salgo]: salga, salgas, salga, salgamos, salgáis, salgan

decir [digo]: diga, digas, diga, digamos, digáis, digan
hacer [hago]: haga, hagas, haga, hagamos, hagáis, hagan

pedir [pido]: pida, pidas, pida, pidamos, pidáis, pidan
seguir [sigo]: siga, sigas, siga, sigamos, sigáis, sigan
servir [sirvo]: sirva, sirvas, sirva, sirvamos, sirváis, sirvan

conocer [conozco]: conozca, conozcas, conozca, conozcamos,
conozcáis, conozcan

2) 1,2인칭 복수에서 어간이 변화하는 동사들

dormir [duermo]: duerma, duermas, duerma, durmamos, durmáis,
duerman
morir [muero]: muera, mueras, muera, muramos, muráis, mueran
poder [puedo]: pueda, puedas, pueda, podamos, podáis, puedan
querer [quiero]: quiera, quieras, quiera, queramos, queráis, quieran
sentir [siento]: sienta, sientas, sienta, sintamos, sintáis, sientan

3) 기타 불규칙형

dar [doy]: dé, des, dé, demos, deis, den
estar [estoy]: esté, estés, esté, estemos, estéis, estén
haber [he]: haya, hayas, haya, hayamos, hayáis, hayan
ir [voy]: vaya, vayas, vaya, vayamos, vayáis, vayan
saber [sé]: sepa, sepas, sepa, sepamos, sepáis, sepan
ser [soy]: sea, seas, sea, seamos, seáis, sean
empezar [empiezo]: empiece, empieces, empiece, empecemos,
empecéis, empiecen
pagar [pago]: pague, pagues, pague, paguemos, paguéis, paguen

18.1.2. 명사절에서의 용법

1) 목적어 기능 명사절

주절에 사용된 타동사의 목적어 역할을 하며 주로 que가 이끄는 절
이 사용된다.

Espero que estudies español con ahínco.
나는 네가 스페인어를 열심히 공부하기 바란다.

No creo que ella sea mexicana.
나는 그녀가 멕시코 사람이라고는 믿지 않는다.

🏠 비교

Creo que ella es mexicana.
나는 그녀가 멕시코 사람이라고 믿는다.

Temo que no apruebes los exámenes.
나는 네가 시험에 합격하지 못할까봐 두렵다.

Sentimos mucho que no estés aquí con nosotros.
우리는 네가 여기 우리와 함께 있지 못해 매우 유감이다.

Ella duda que ellos lleguen a tiempo.
그녀는 그들이 제 시간에 도착하리라는 것을 의심한다.

🏠 비교

Ella no duda que ellos llegan a tiempo.
그녀는 그들이 제 시간에 도착하리라는 것을 의심하지 않는다.

Mi mamá me ordena que vuelva a casa pronto.
어머니께서는 내게 집에 일찍 돌아오라고 명령하신다.

El profesor les prohíbe a sus alumnos que fumen en la clase.
선생님은 학생들이 교실에서 담배피우는 것을 금하신다.

alegrarse de, tener miedo de처럼 「전치사를 동반하는 동사」의 보어로 기능하는 명사절에서도 접속법이 사용될 수 있다.

Me alegro de que vayas a recibir la beca.
나는 네가 장학금을 받게 되어 기쁘다.

Tengo miedo de que no apruebes los exámenes.
나는 네가 시험에 합격하지 못할까봐 두렵다.

「부탁/권고, 사역(使役)/명령, 금지/허용」의 의미를 갖는 동사들은 종속절의 주어를 간접목적격 형태로, 동사를 부정사 형태로 취할 수 있다.

Le pedimos a Maribel hacerlo inmediatamente.
우리는 마리벨에게 즉시 그것을 하라고 요구한다.

Mi mamá me ordena volver a casa pronto.
어머니께서는 내게 집에 일찍 돌아오라고 명령하신다.

El profesor les prohíbe a los alumnos fumar en la clase.
선생님은 학생들이 교실에서 담배피우는 것을 금하신다.

경우에 따라서는 「기원(祈願)」이나 「추측」을 나타내는 부사와 함께 독립절에서 쓰이기도 한다.

¡Ojalá (que) nieve mañana! 내일 눈이 오길!

Quizá tengas razón. 아마 네 말이 맞을 거야.

Tal vez ella esté de acuerdo conmigo. 아마 그녀는 내게 동의할 거야.

💡 참고

ojalá는 항상 접속법을 요구하지만, quizá나 tal vez 다음에는 직설법이 올 수도 있다.

Quizá tienes razón. 아마 네 말이 맞을 거야.
Tal vez ella está de acuerdo conmigo. 아마 그녀는 내게 동의할 거야.

2) 주어 기능 명사절

주로「Es + 형용사 + que」라는 비인칭 구문을 일컫는 것으로써, 이 경우에도 마찬가지로 ser 동사 뒤에 오는 형용사의 의미에 따라 주어 역할을 하는 que절 동사의 법이 결정된다. 형용사가「가능, 필요, 추측, 선호, 의심」등의 의미일 때는 접속법을,「확신」이나「확실」의 의미일 때는 직설법이 쓰인다.

Es posible que regresemos a casa el próximo mes.
우리가 다음 달에 집에 돌아가는 것은 가능하다.

Es imposible que lleguemos a tiempo a la clase.
우리가 제 시간에 수업에 도착하는 것은 불가능하다.

Es necesario que llevemos la invitación para entrar en el banquete.
우리가 연회에 들어가기 위해서는 초대장을 가져가는 것이 필요하다.

Es mejor que estudies unas horas más al día.
너는 하루에 몇 시간씩 더 공부하는 것이 낫다.

Es dudoso que saques buena nota sin preparar las lecciones.
네가 예습을 하지 않고 좋은 학점을 얻을 수 있을지 의심스럽다.

Es importante que leamos muchos libros en la universidad.
우리는 대학교에서 많은 책을 읽는 것이 중요하다.

Es fácil que el gobierno resuelva el problema.
정부가 그 문제를 해결하는 것은 쉽다.

Es difícil que dominemos un idioma extranjero sin sufrimiento.
우리가 고통 없이 외국어를 정복하는 것은 어렵다.

「gustar류 동사」의 주어로 기능하는 경우도 있다.

No me gusta que ellos hablen sin cortesía.
나는 그들이 무례하게 말하는 것이 마음에 안 든다.

Me importa mucho que asistas a la reunión mañana.
네가 내일 회의에 참석하는 것이 내게 매우 중요하다.

비교

Es cierto que ella es española.
그녀가 스페인 사람이라는 것은 사실이다.
Es seguro que ellos vienen este domingo.
그들이 이번 일요일에 올 것이라는 것은 확실하다.

1. 괄호 안의 동사를 문맥에 알맞게 변화시키시오.

1) Espero que tú _____ (hablar) bien español.

2) No creo que _____ (venir) ella.

3) La profesora nos dice que _____ (estudiar) mucho.

4) Es cierto que te _____ (querer) ella.

5) Temo que me _____ (olvidar) ella.

6) Creo que él _____ (vivir) en el campo.

7) Quizá _____ (tener) tú razón.

8) Es dudoso que él _____ (decir) la mentira.

9) Le pedimos que lo _____ (hacer) ahora mismo.

10) Les digo a los alumnos que no _____ (fumar).

11) Me alegro de que tú _____ (recibir) la beca.

12) ¡Ojalá _____ (llover) mañana!

13) Ella no duda que le _____ (llamar) yo esta tarde.

14) Es posible que tú _____ (regresar) a casa ahora.

15) Es claro que ella _____ (ser) francesa.

16) No me gusta que ellos _____ (hablar) sin cortesía.

17) Es fácil que nosotros ⬛⬛⬛⬛⬛⬛⬛⬛ (resolver) ese problema.

18) Es seguro que ellos ⬛⬛⬛⬛⬛⬛⬛ (venir) mañana.

19) Ella duda que nosotros ⬛⬛⬛⬛⬛⬛⬛ (llegar) a tiempo.

20) Es mejor que vosotros ⬛⬛⬛⬛⬛⬛⬛ (visitar) a vuestros padres con más frecuencia.

21) Nos importa mucho que tú ⬛⬛⬛⬛⬛⬛⬛ (asistir) a nuestra fiesta.

22) Es necesario que nosotros ⬛⬛⬛⬛⬛⬛⬛ (preparar) bien el futuro.

GRAMÁTICA
ESPAÑOLA

제 **19** 과

19.1.1. 형용사절에서의 용법

선행사가 「불확실, 부정(不定)」의 의미를 내포하고 있을 때 접속법이 쓰인다. 사람이 목적어로 쓰이더라도 구체적인 대상이 아니면 전치사 a를 동반하지 않는다.

Busco un estudiante que hable bien inglés.
나는 영어 잘하는 학생을 한 명 찾고 있다.

🏠 비교

Busco a ese estudiante que habla bien inglés.
나는 영어 잘하는 그 학생을 찾고 있다.

¿Hay alguien que conozca a María?
마리아를 알고 있는 사람 누구 있습니까?

🏠 비교

Hay muchas personas que conocen a María.
마리아를 알고 있는 사람들은 많다.

No tengo ningún libro que trate de ese tema.
나는 그 주제를 다루고 있는 책을 한 권도 갖고 있지 않다.

Aquí no hay nadie que pueda hacerlo.
여기서 그것을 할 수 있는 사람은 아무도 없다.

19.1.2. 부사절에서의 용법

종속절의 내용이 주절에 비해 아직 실현되지 않은 경우 접속법이 사용된다. 그러나 종속절의 내용이 아직 실현되지 않았더라도 늘 일어나는 일이라면 직설법을 쓴다.

1) 시간

[cuando, mientras, antes de que, después de que, hasta que, tan pronto como, en cuanto, siempre que]

Te llamaré cuando llegue a casa.
나는 집에 도착하면 네게 전화할 것이다.

Siempre que estéis libres, podéis pasar por mi despacho.
너희들은 시간 날 때면 언제든지 내 사무실에 들를 수 있다.

Mientras estés enojado conmigo, no te llamaré por teléfono.
네가 내게 화가 나 있는 동안에는 네게 전화하지 않겠다.

Antes de que termine la película, saldré del cine.
영화가 끝나기 전에 나는 영화관에서 나갈 것이다.

Después de que ella vuelva, él va a empezar un nuevo negocio con ella.
그녀가 돌아온 후에 그는 그녀와 새로운 사업을 시작할 것이다.

La esperaré hasta que venga.
나는 그녀가 올 때까지 기다릴 것이다.

Tan pronto como llegues, te devolveré el libro.
네가 도착하자마자, 나는 네게 책을 돌려줄 것이다.

2) 목적

[para que, de modo que, de manera que]

이 접속사들은 그 의미상 ('~하기 위하여') 늘 아직 실현되지 않은 일을 언급하므로 접속법이 요구된다.

Sus padres lo mandan a España para que estudie español.
그의 부모님은 스페인어를 공부하도록 그를 스페인에 보낸다.

Lo explico con detalle de modo que lo entiendan bien los alumnos.
나는 학생들이 그것을 잘 이해할 수 있도록 자세히 설명한다.

💡 참고

de modo que와 de manera que가 직설법 동사를 이끌 때는 앞에 쉼표(coma)를 동반하며, '그러므로', '따라서' 등으로 해석되는 귀결 접속사로 사용된다.

Le dije todo a él, de modo que entiende bien la situación.
나는 그에게 모두 말해 주었고, 따라서 그는 상황을 제대로 이해하고 있다.

---

3) 조건

[a menos que, a no ser que, con tal de que]

a menos que와 a no ser que는 그 자체로 부정(否定)의 의미를 내포하고 있으므로 별도로 부정어(no)가 필요하지 않으며, con tal de que와 더불어 접속법이 요구된다.

No lo haremos a menos que nos permita Ud.

당신이 허락하지 않으면 우리는 그것을 하지 않을 것이다.

Lo haremos con tal de que nos permita Ud.

당신이 허락한다면 우리는 그것을 할 것이다.

주의

가장 대표적인 조건 접속사인 si가 나타나는 절에서는 접속법 현재가 쓰이지 않는다. 미래에 일어날 일을 가정한다 해도 직설법을 사용한다.

Si no nos permite Ud., no lo haremos.

당신이 허락하지 않으면 우리는 그것을 하지 않을 것이다.

Si nos permite Ud., lo haremos.

당신이 허락한다면 우리는 그것을 할 것이다.

4) 방법, 양태(樣態)

[como, sin que]

Viviremos como queramos nosotros.

우리는 우리가 원하는 방식으로 살 것이다.

Lo haré como quieras.

나는 그것을 네가 원하는 대로 할 것이다.

Salimos de casa sin que mamá nos vea.

우리는 엄마에게 들키지 않고 집에서 나간다.

1. como가 '~하는 대로'라는 방법의 의미로 쓰인다 해도 모두 접속법이 요구되는 것은 아니다. 내용이 기정사실화 되어 있는 것이라면 직설법이 사용된다.

Tienes que hacerlo como te digo yo.
너는 내가 네게 말하는 대로 그것을 해야 한다.

2. 이유, 원인 접속사(porque, como, ya que, puesto que, dado que)가 사용될 때도 직설법을 요구한다.

Minsu habla muy bien español, porque su madre es peruana.
민수는 스페인어를 매우 잘 한다. 왜냐하면 그의 어머니가 페루사람이기 때문이다.

Como no recibió la invitación, él no participó en la ceremonia.
그는 초대장을 받지 못했으므로 의식에 참석하지 않았다.

5) 양보

[aunque, a pesar de que, por muy/más+형용사/부사+que, por mucho+명사+que]

미래의 일이나 불확실한 상황을 기술할 때는 접속법을 요구하지만, 현재나 과거의 확실한 일을 기술하는 경우에는 직설법을 요구한다.

Aunque llueva mañana, iremos de picnic.
비록 내일 비가 온다 할지라도 우리는 소풍을 갈 것이다.

Aunque llueve ahora, vamos de picnic.
비록 지금 비가 오고 있지만 우리는 소풍을 간다.

Aunque llovió ayer, fuimos de picnic.
비록 어제 비가 왔지만 우리는 소풍을 갔다.

Por más inteligente que seas, no puedes dominar español en un año.
네가 아무리 똑똑하다 할지라도 스페인어를 1년 내에 정복할 수는 없다.

Por muchas dificultades que tengamos, seguiremos adelante.
우리는 아무리 많은 어려움에 직면한다 할지라도 계속 나아갈 것이다.

Por muy rápido que hable el profesor, tienes que comprender todo lo que dice.
선생님이 아무리 빨리 말씀하신다 할지라도 너는 그가 말하는 모든 것을 이해해야 한다.

[기타 관용적으로 쓰이는 양보의 부사절]

Sea lo que sea, ella es Miss España.
어찌됐든 간에, 그녀는 미스 스페인이다.

Pase lo que pase, estaré a tu lado.
무슨 일이 일어나든 간에, 나는 네 곁에 있을 것이다.

Digan lo que digan, él es inocente.
그들이 무슨 말을 하든지 간에, 그는 결백하다.

Hagan lo que hagan, el pueblo triunfará.
그들이 무엇을 하든지 간에, 민중은 승리할 것이다.

Vayas donde vayas, Dios te protegerá.
네가 어디를 가든지 간에, 신이 너를 보호할 것이다.

1. 괄호 안의 동사를 문맥에 알맞게 변화시키시오.

1) ¿Hay alguien que lo _____ (saber)?

2) Te enviaré un paquete cuando _____ (llegar) a Madrid.

3) Después de que ella _____ (volver), hablaremos todos juntos.

4) Hay mucha gente que _____ (conocer) a esa actriz.

5) Buscamos un secretario que _____ (hablar) bien inglés.

6) Antes de que _____ (empezar) la clase, podemos llegar a la escuela.

7) No tengo ningún libro que _____ (tratar) de ese tema.

8) Escribiré la carta, mientras tú _____ (leer) la revista.

9) Busco a ese secretario que _____ (hablar) bien español.

10) Después de que _____ (volver) ella, le escribió a su mamá.

11) Te esperaré hasta que _____ (venir).

12) Si me _____ (ayudar) tú, yo también te ayudaré.

13) Tan pronto como _____ (llegar) ella, yo le daré este libro.

14) Ellos mandan a su hija a España para que _____ (estudiar) español.

15) Tan pronto como _____ (llegar) ella, yo le di este libro.

16) Lo explico con detalle de modo que lo _____ (entender) bien los alumnos.

17) Por muchos libros que nosotros _____ (tener), no nos sirven de nada si no los leemos.

18) Les digo todo, de modo que _____ (entender) bien la situación.

19) Pase lo que _____ (pasar), estaré a tu lado.

20) Aunque _____ (nevar) ahora, subiremos a la montaña.

21) Viviremos como _____ (querer) nosotros.

22) Por más listo que tú _____ (ser), no puedes dominar español en un año.

23) Iremos de picnic a menos que _____ (llover) mañana.

24) Aquí no hay nadie que _____ (poder) hacerlo.

25) Sea lo que _____ (ser), ella es nuestra jefa.

Nota

GRAMÁTICA ESPAÑOLA

제 **20** 과

20.1.1. 동사 변화

1) 1인칭 명령

　단수(yo)에 대한 명령은 존재하지 않으며, 복수(nosotros)에 대한 명령은 '우리 ~합시다'라는 의미의 청유형이 된다. 긍정, 부정 모두 접속법 형태를 그대로 쓴다.

	[Nosotros]
hablar:	Hablemos (= Vamos a hablar)
comer:	Comamos (= Vamos a comer)
vivir:	Vivamos (= Vamos a vivir)

2) 2인칭 명령

　단수(tú)의 긍정형은 일부 불규칙을 제외하고는 직설법 현재 3인칭 단수와 동일하며, 부정형은 접속법 형태를 그대로 쓴다. 복수(vosotros)의 긍정형은 「어간 + d」를 쓰며, 부정형은 접속법 형태를 그대로 쓴다.

	[Tú]		[Vosotros]	
hablar:	Habla	No hables	Hablad	No habléis
comer:	Come	No comas	Comed	No comáis
vivir:	Vive	No vivas	Vivid	No viváis

dar:	Da	No des	Dad	No deis
decir:	Di	No digas	Decid	No digáis
hacer:	Haz	No hagas	Haced	No hagáis
ir:	Ve	No vayas	Id	No vayáis
poner:	Pon	No pongas	Poned	No pongáis
salir:	Sal	No salgas	Salid	No salgáis
ser:	Sé	No seas	Sed	No seáis
tener:	Ten	No tengas	Tened	No tengáis
traer:	Trae	No traigas	Traed	No traigáis
venir:	Ven	No vengas	Venid	No vengáis

3) 3인칭 명령

긍정형이든 부정형이든, 단수(Ud.)와 복수(Uds.) 모두 접속법 형태를 그대로 쓴다.

	[Ud.]	[Uds.]
hablar:	Hable	Hablen
comer:	Coma	Coman
vivir:	Viva	Vivan

dar:	Dé	Den
decir:	Diga	Digan
hacer:	Haga	Hagan
ir:	Vaya	Vayan
poner:	Ponga	Pongan
salir:	Salga	Salgan

ser:	Sea	Sean
tener:	Tenga	Tengan
traer:	Traiga	Traigan
venir:	Venga	Vengan

20.1.2. 목적대명사의 위치 2

긍정형에서는 동사 뒤에 붙고 부정형에서는 부정어(no)와 동사 사이에 위치한다. 따라서 긍정형에서 목적대명사가 붙음으로써 동사 본래의 강세 위치가 변할 우려가 있을 때에는 반드시 본래의 위치에 표시해 주어야 한다. 재귀동사의 경우에도 대명사의 위치는 이와 동일하다.

[긍정]	[부정]
Cómelo.	No lo comas.
Comedlo.	No lo comáis.
Cómalo.	No lo coma.
Cómanlo.	No lo coman.
Dámelo.	No me lo des.
Dádmelo.	No me lo deis.
Démelo.	No me lo dé
Dénmelo.	No me lo den

Dímelo.	No me lo digas.
Decídmelo.	No me lo digáis
Dígamelo.	No me lo diga.
Díganmelo.	No me lo digan.
Siéntate.	No te sientes.
Sentaos.	No os sentéis.
Siéntese.	No se siente.
Siéntense.	No se sienten.
Sentémonos.	No nos sentemos.
Vete.	No te vayas.
Idos.	No os vayáis.
Váyase.	No se vaya.
Váyanse.	No se vayan.
Vayámonos	No nos vayamos.

재귀동사 2인칭 복수(vosotros)에서는 대부분 발음상의 편의를 위해 -d가 생략된다.

Levantad+os → Levantaos

Quedad+os → Quedaos

Sentad+os → Sentaos

그러나 irse의 2인칭 복수 명령형은 Ios가 아니라 Idos이다.

1인칭 복수(nosotros)에서도 역시 발음상의 편의를 위해 -s가 생략된다.

Levantemos+nos → Levantémonos

Sentemos+nos → Sentémonos

Vayamos+nos → Vayámonos

ir동사의 청유형으로는 vamos와 vámonos도 쓰인다.

20.1.3. 기타 명령 표현

1) 직설법 미래는 명령의 의미를 나타낼 수 있다.

Ahora me dirás dónde estuviste anoche.
이제 네가 어제 밤에 어디에 있었는지 내게 말해다오.

Saldrás esta noche, ¿no? 오늘 밤에 나갈 거지, 그렇지?

2) 다음과 같이 동사원형을 사용하여 명령의 의미를 나타낼 수 있다.

A comer. 밥 먹으러 가자.

A dormir. 가서 자거라.

Ni hablar. 말도 마라.

No entrar. 들어가지 마시오.

No fumar aquí. 여기서 담배 피우지 마시오.

No pegar carteles aquí. 여기에 벽보를 붙이지 마시오.

1. 다음 동사들을 명령형으로 알맞게 변화시키시오.

1) hablar → [_____] tú. [_____] nosotros.

2) comer → [_____] tú. [_____] Ud.

3) decir → [_____] Ud. [_____] nosotros.

4) levantarse → [_____] Ud. [_____] vosotros.

5) vivir → [_____] tú. [_____] Ud.

6) hacer → [_____] tú. [_____] nosotros.

7) dar → [_____] Ud. [_____] nosotros.

8) irse → [_____] tú. [_____] nosotros.

9) poner → [_____] Ud. [_____] vosotros.

10) traer → [_____] tú. [_____] nosotros.

11) venir → [_____] tú. [_____] Ud.

12) sentarse → [_____] Ud. [_____] nosotros.

13) salir → [_____] Ud. [_____] nosotros.

14) tener → [_____] Ud. [_____] vosotros.

15) ser → [_____] Ud. [_____] vosotros.

2. 다음 긍정 명령형을 부정형으로 바꾸시오.

1) Dímelo. → No ████████████████████████ .

2) Sal de aquí. → No ██████████████████████████████ de aquí.

3) Venid aquí. → No ███████████████████████████ aquí.

4) Siéntate allí. → No ███████████████████████████ allí.

5) Dámelo. → No ████████████████████████ .

6) Hacedlo. → No ████████████████████████ .

7) Levántate. → No ████████████████████████ .

8) Ponte la chaqueta. → No ██████████████████████████ la chaqueta.

9) Ten cuidado. → No ████████████████████████████ cuidado.

10) Hablad despacio. → No ███████████████████████████ despacio.

11) Tráemelo. → No ████████████████████████ .

12) Quédate aquí. → No ██████████████████████████ aquí.

GRAMÁTICA
ESPAÑOLA

제 **21** 과

어미는 -ra형과 -se형이 있으며, 거의 모든 문맥에서 의미 차이 없이 동일하게 사용되고 있다. 직설법 단순과거의 3인칭 복수형 (hablaron)에서 어미 -ron 대신에 -ra/-se, -ras/-ses, -ra/-se, -ramos/-semos, -rais/-seis, -ran/-sen을 붙여서 만든다. 즉, 접속법 현재가 직설법 현재와 동일한 어간을 공유하듯이, 접속법 불완료과거는 직설법 단순과거와 동일한 어간에 기초해 변화하는 것이다. 본 교재에서는 편의상 -ra형으로 설명한다. 또한, 접속법 과거시제에서는 「완료, 불완료」의 상(aspecto) 차이가 직설법만큼 뚜렷하지 않으므로 교재에 따라서는 단순히 「접속법 과거」라고만 칭하는 경우도 있으나, 이 시제가 다루는 상황이 주로 불완료이므로 본 교재에서는 「접속법 불완료과거」라는 용어를 쓴다.

21.1.1. 동사 변화

[규칙 변화]

hablar	
hablara/-se	habláramos/-semos
hablaras/-ses	hablarais/-seis
hablara/-se	hablaran/-sen

comer		vivir	
comiera/-se	comiéramos/-semos	viviera/-se	viviéramos/-semos
comieras/-ses	comierais/-seis	vivieras/-ses	vivierais/-seis
comiera/-se	comieran/-sen	viviera/-se	vivieran/-sen

[불규칙 변화]

1) 어간 모음 e>i, o>u 변화 동사들

pedir: pidiera, pidieras, pidiera, pidiéramos, pidierais, pidieran.
seguir: siguiera. siguieras, siguiera, siguiéramos, siguierais, siguieran
sentir: sintiera, sintieras, sintiera, sintiéramos, sintierais, sintieran
servir: sirviera, sirvieras, sirviera, sirviéramos, sirvierais, sirvieran
dormir: durmiera, durmieras, durmiera, durmiéramos, durmierais,
    durmieran
morir: muriera, murieras, muriera, muriéramos, murierais, murieran

2) 어간에 -y- 첨가 동사들

caer: cayera, cayeras, cayera, cayéramos, cayerais, cayeran
creer: creyera, creyeras, creyera, creyéramos, creyerais, creyeran
leer: leyera, leyeras, leyera, leyéramos, leyerais, leyeran
oír: oyera, oyeras, oyera, oyéramos, oyerais, oyeran

3) 기타 주요 불규칙 동사들: 단순과거의 불규칙형과 동일한 어간을 공유한다.

andar: anduviera, anduvieras, anduviera, anduviéramos, anduvierais,
    anduvieran
caber: cupiera, cupieras, cupiera, cupiéramos, cupierais, cupieran
conducir: condujera, condujeras, condujera, condujéramos,
    condujerais, condujeran
dar: diera, dieras, diera, diéramos, dierais, dieran
decir: dijera, dijeras, dijera, dijéramos, dijerais, dijeran
estar: estuviera, estuvieras, estuviera, estuviéramos, estuvierais,
    estuvieran
haber: hubiera, hubieras, hubiera, hubiéramos, hubierais, hubieran
hacer: hiciera, hicieras, hiciera, hiciéramos, hicierais, hicieran
ir: fuera, fueras, fuera, fuéramos, fuerais, fueran
poder: pudiera, pudieras, pudiera, pudiéramos, pudierais, pudieran
poner: pusiera, pusieras, pusiera, pusiéramos, pusierais, pusieran
querer: quisiera, quisieras, quisiera, quisiéramos, quisierais, quisieran

saber: supiera, supieras, supiera, supiéramos, supierais, supieran
ser: fuera, fueras, fuera, fuéramos, fuerais, fueran
tener: tuviera, tuvieras, tuviera, tuviéramos, tuvierais, tuvieran
traer: trajera, trajeras, trajera, trajéramos, trajerais, trajeran
venir: viniera, vinieras, viniera, viniéramos, vinierais, vinieran
ver: viera, vieras, viera, viéramos, vierais, vieran

21.1.2. 명사절에서의 용법

주절의 동사가 의미상 접속법을 요구하고 시제가 과거인 경우, 시제 일치를 위해 종속절의 동사는 접속법 불완료과거를 쓴다.

1) 목적어 기능 명사절

Esperaba que estudiaras español con ahínco.
나는 네가 스페인어를 열심히 공부하기를 바랐다.

No creía que ella fuera mexicana.
나는 그녀가 멕시코 사람이라고는 믿지 않았다.

🏠 **비교**

Creía que ella era mexicana.
나는 그녀가 멕시코 사람이라고 믿었다.

Ella dudó que ellos llegaran a tiempo.
그녀는 그들이 제 시간에 도착하리라는 것을 의심했다.

Ella no dudó que ellos llegarían a tiempo.
그녀는 그들이 제 시간에 도착하리라는 것을 의심하지 않았다.

Le pedimos a Maribel que lo hiciera inmediatamente.
우리는 마리벨에게 즉시 그것을 하라고 요구했다.

Mi mamá me ordenó que volviera a casa pronto.
어머니께서는 내게 집에 일찍 돌아오라고 명령하셨다.

El profesor les prohibió a sus alumnos que fumaran en la clase.
선생님은 학생들이 교실에서 담배 피우는 것을 금지했다.

Me alegraba de que recibieras la beca.
나는 네가 장학금을 받게 되어 기뻤다.

Temía que no aprobaras los exámenes.
나는 네가 시험에 합격하지 못할까봐 두려웠다.

Sentíamos mucho que no estuvieras ahí con nosotros.
우리는 네가 거기에서 우리와 함께 있지 못해 매우 유감으로 생각했다.

접속법을 사용한 아래의 두 문장은 모두 실현가능성이 희박함을 나타낸다. 접속법 과거(nevara)는 접속법 현재(nieve)보다 실현가능성이 더 낮음을 표현할 때 사용된다.

¡Ojalá nieve mañana! 내일 눈이 오기를!
¡Ojalá nevara mañana! 내일 눈이 오기를!

2) 주어 기능 명사절

Era posible que regresáramos a casa el próximo mes.
우리가 다음 달에 집에 돌아가는 것은 가능했다.

Era imposible que llegáramos a tiempo a la clase.
우리가 제 시간에 수업에 도착하는 것은 불가능했다.

Era necesario que lleváramos la invitación para entrar en el banquete.
우리가 연회에 들어가기 위해서는 초대장을 가져가는 것이 필요했다.

Era mejor que estudiaras unas horas más al día.
너는 하루에 몇 시간씩 더 공부하는 것이 더 나았다.

Era dudoso que sacaras buena nota sin preparar las lecciones.
네가 예습을 하지 않고 좋은 학점을 딸 수 있을지 의심스러웠다.

Era importante que leyéramos muchos libros en la universidad.
우리는 대학교에서 많은 책을 읽는 것이 중요했다.

Era fácil que el gobierno resolviera el problema.
정부가 그 문제를 해결하는 것은 쉬웠다.

Era difícil que domináramos un idioma extranjero sin sufrimiento.
우리가 고통 없이 외국어를 정복하는 것은 어려웠다.

No me gustaba que ellos hablaran sin cortesía.
나는 그들이 무례하게 말하는 것이 마음에 들지 않았다.

Me importaba mucho que asistieras a la reunión mañana.
네가 내일 회의에 참석하는 것이 내게 매우 중요했다.

🏠 비교

Era cierto que ella era española.
그녀가 스페인 사람이라는 것은 사실이었다.

Era seguro que ellos vendrían este domingo.
그들이 이번 일요일에 올 것이라는 것은 확실했다.

1. 괄호 안의 동사를 문맥에 알맞게 변화시키시오.

1) No creía que _____ (venir) ella.

2) Les dije a los alumnos que no _____ (fumar).

3) La profesora nos dijo que _____ (estudiar) mucho.

4) Era cierto que te _____ (querer) ella.

5) No me gustaba que ellos _____ (hablar) sin cortesía.

6) Creía que él _____ (vivir) en el campo.

7) Quizá ayer _____ (tener) tú razón.

8) Era posible que tú _____ (regresar) a casa en aquel entonces.

9) Le pedí que lo _____ (hacer) inmediatamente.

10) Esperaba que tú _____ (hablar) bien español.

11) Me alegraba de que tú _____ (recibir) la beca.

12) ¡Ojalá _____ (llover) ahora!

13) Ella dudaba que le _____ (llamar) yo esta tarde.

14) Temía que me _____ (olvidar) ella.

15) Era claro que ella _____ (ser) francesa.

16) Era dudoso que él _____ (decir) la mentira.

17) Era mejor que vosotros [   ] (visitar) a los padres con más frecuencia.

18) No era seguro que ellos [   ] (venir) mañana.

19) Era necesario que nosotros [   ] (preparar) bien el futuro.

20) Era fácil que nosotros [   ] (resolver) ese problema.

21) Nos importaba mucho que tú [   ] (asistir) a la fiesta.

22) Ella dudaba que nosotros [   ] (llegar) a tiempo.

GRAMÁTICA
ESPAÑOLA

제 **22** 과

22.1.1. 형용사절에서의 용법

Buscaba un estudiante que hablara bien inglés.
나는 영어 잘하는 학생을 한 명 찾고 있었다.

🏠 비교

> Buscaba a ese estudiante que hablaba bien inglés.
> 나는 영어 잘하는 그 학생을 찾고 있었다.

¿Había alguien que conociera a María?
마리아를 알고 있는 사람 누구 있었습니까?

🏠 비교

> Había muchas personas que conocían a María.
> 마리아를 알고 있는 사람들은 많았다.

No tenía ningún libro que tratara de ese tema.
나는 그 주제를 다루고 있는 책을 한 권도 갖고 있지 않았다.

Aquí no había nadie que pudiera hacerlo.
여기서 그것을 할 수 있는 사람은 아무도 없었다.

22.1.2. 부사절에서의 용법

1) 시간

Antes de que terminara la película, yo salí del cine.
영화가 끝나기 전에 나는 영화관에서 나갔다.

La esperaría hasta que viniera. 나는 그녀가 올 때까지 기다릴 것이다.

🏠 비교

종속절의 내용이 주동사의 시점에 비해 미래에 일어날 일이면 접속법을 쓰지만 이미 완료된 사실이면 직설법을 쓴다.

Te llamé cuando llegué a casa.
나는 집에 도착해서 네게 전화했다.

Siempre que estabáis libres, podíais pasar por mi despacho.
너희들은 시간 날 때면 언제든지 내 사무실을 들를 수 있었다.

Mientras veías la televisión, fui de compras.
네가 텔레비전을 보는 동안 나는 쇼핑을 갔다.

Después de que ella había vuelto, él empezó un nuevo negocio con ella.
그녀가 돌아온 후 그는 그녀와 새로운 사업을 시작했다.

Tan pronto como llegaste, te devolví el libro.
네가 도착하자마자 나는 네게 책을 돌려주었다.

---

2) 목적

Sus padres lo mandaron a España para que estudiara español.
그의 부모님은 스페인어를 공부하도록 그를 스페인에 보냈다.

Lo expliqué con detalle de modo que lo entendieran bien los alumnos.
나는 학생들이 그것을 잘 이해할 수 있도록 자세히 설명했다.

3) 조건: '~한다면, ~할 텐데'라는 의미로「현재 사실의 반대」를 나타낸다.

No lo haríamos a menos que nos permitiera Ud.
당신이 허락하지 않는다면 우리는 그것을 하지 않을 텐데.

Lo haríamos con tal de que nos permitiera Ud.
당신이 허락한다면 우리가 그것을 할 텐데.

4) 방법, 양태(樣態)

Salimos de casa sin que mamá nos viera.
우리는 엄마에게 들키지 않고 집에서 나갔다.

22.1.3. 현재 사실의 반대를 나타내는 가정문

「Si + 접속법 불완료과거 ~, 가정미래 ~」로 이루어진다. '만약 지금 ~이라면, ~할 텐데'라는 의미로써, 실제로는 현재에 행위가 이루어지지 못함을 아쉬워할 때 쓰이는 표현이다.

Si yo fuera pájaro, volaría. 내가 새라면 날아갈 텐데.
(=Yo no soy pájaro, por eso no puedo volar.)
Si yo estuviera en tu lugar, no lo haría. 내가 너라면 그것을 하지 않을 텐데.

「como si + 접속법 불완료과거」는 '마치 ~인 것처럼'이라는 의미로 주절 동사의 시제와 동일한 시점의 상황을 표현한다. 실제상황과 반대되는 사실을 묘사한다.

Él habla como si fuera millonario.

그는 마치 자기가 백만장자인 것처럼 말한다.

Ella actuaba como si fuera princesa.

그녀는 마치 자기가 공주인 것처럼 행동하곤 했다.

22.2 접속법 현재완료

주절의 동사가 접속법을 요구하는 성격의 현재 시제이고, 종속절의 내용이 「과거에 일어난 행위나 상태가 현재까지 영향을 미치고 있는 경우」사용된다. 따라서 「과거」에 완료된 행위('~했다는 것')을 지금 「희망, 불확신/회의(懷疑), 부정(否定)」하거나, 주절의 동사가 화자의 감정을 담고 있는 경우 사용된다.

22.2.1. 형태

「haber 동사의 접속법 현재형 + 과거분사」로 이루어진다.

haya
hayas
haya
hayamos   + 과거분사 (hablado, comido, vivido)
hayáis
hayan

22.2.2. 용법

1) 과거에 완료되었을 행동이나 상황을 현재 시점에서 「희망, 불확신(실)/회의(懷疑), 부정(否定)」할 때 쓴다.

Espero que tú la hayas ayudado. 나는 네가 그녀를 도와주었기를 바란다.

No creo que él haya pedido la mano de Juana.
나는 그가 후아나에게 청혼했다는 것을 믿지 않는다.

Dudo que él haya dicho la verdad. 나는 그가 진실을 말했다는 것을 의심한다.

2) 종속절의 행위나 동작이 과거에 실제로 이루어진 경우라 할지라도 주절의 동사가 접속법을 요구하는 의미(두려움, 놀라움, 기쁨, 슬픔, 아쉬움 등)라면 접속법 현재완료를 쓴다.

Me alegro de que hayas venido. 나는 네가 와서 기쁘다.

Temo que los niños se hayan perdido.
나는 어린 아이들이 길을 잃었을까봐 두렵다.

Es sorprendente que hayan admitido mi propuesta.
그들이 내 제안을 받아들였다는 것이 놀랍다.

22.3.1. 형태

「haber의 접속법 불완료 과거 + 과거분사」로 이루어진다.

hubiera / hubiese
hubieras / hubieses
hubiera / hubiese
hubiéramos / hubiésemos   +과거분사(hablado, comido, vivido)
hubierais / hubieseis
hubieran / hubiesen

22.3.2. 용법

주절의 동사가 접속법을 요구하는 동사이고 종속절 동사의 행위가 주절 동사보다 이전 시점임을 나타낼 때 사용된다.

No creía que ya hubieras encontrado la solución.
나는 네가 이미 해결책을 찾았다는 것을 믿지 않았다.

Él dudó que los empleados ya hubieran empezado la huelga.
그는 직원들이 이미 파업을 시작했다는 것을 의심했다.

22.3.3. 과거 사실의 반대를 나타내는 가정문

「Si + 접속법 과거완료 ~, 가정미래완료 ~」로 이루어진다. '만약 과거에 ~했다면, ~했을 텐데'라는 의미로서, 실제로는 과거에 행위가 이루어지지 못했음을 아쉬워할 때 쓰이는 표현이다.

Si yo hubiera sido pájaro, habría volado. 내가 새였다면 날아갔을 텐데.
(= Yo no era pájaro, por eso no podía volar.)

Si hubieras leído ese libro, habrías contestado la pregunta.
네가 그 책을 읽었더라면 질문에 대답했을 텐데.

(= No leíste ese libro, por eso no podías contestar la pregunta.)

> **💡 참고**
>
> 과거 또는 현재 사실의 반대를 표현하는 가정문 시제가 한 문장에서 함께 복합적으로 사용될 수 있다.
>
> Si hubieras aprobado el examen, ahora estarías de viaje conmigo.
> 네가 그 시험에 합격했더라면 지금쯤 나와 함께 여행 중일 텐데.

「como si + 접속법 과거완료」는 '마치 ~이었던 것처럼'이라는 의미로 주절의 동사보다 한 시제 앞선 시점의 상황을 표현한다. 실제 상황과 반대되는 사실을 묘사한다.

Él se comporta como si hubiera sido millonario.
그는 마치 자기가 백만장자였던 것처럼 행동한다.

Ella habló como si hubiera estado en México.
그녀는 마치 멕시코에 있었던 것처럼 말했다.

1. 괄호 안의 동사를 문맥에 알맞게 변화시키시오.

1) ¿Había alguien que lo _____ (saber)?

2) Te envié un e-mail cuando yo _____ (llegar) a Madrid.

3) Si yo _____ (tener) tiempo, la visitaría.

4) Había mucha gente que _____ (conocer) a esa actriz.

5) Si yo _____ (estar) en su lugar, lo haría de otra manera.

6) Antes de que _____ (terminar) la clase, no salí de la clase.

7) No tenía ningún libro que _____ (tratar) de ese tema.

8) Ella habla como si _____ (ser) esta noche la última vez.

9) Buscaba un secretario que _____ (hablar) bien inglés.

10) Espero que tú la _____ (ayudar) antes.

11) Te esperaría hasta que _____ (llegar).

12) No creía que ellos ya _____ (encontrar) la solución.

13) Si tú _____ (leer) ese libro, habrías contestado la pregunta.

14) Ellos mandaron a su hija a España para que _____ (estudiar) español.

15) No creo que él ya _____ (viajar) por España.

16) Ella habló como si _____ (estar) en México antes.

17) Después de que ella _____ (volver), hablé con ella de eso.

18) Salimos de allí sin que nadie nos _____ (ver).

19) Me permitieron que _____ (regresar) a casa.

20) Necesitábamos una secretaria que _____ (saber) bien manejar el ordenador.

21) Si yo _____ (tener) dinero, lo habría comprado.

22) Dudo que él _____ (decir) la verdad ayer.

23) Si yo tuviera dinero, lo _____ (comprar).

24) Aquí no había nadie que _____ (poder) hacerlo.

25) Siempre que ella _____ (tener) tiempo, me llamaba por teléfono.

GRAMÁTICA
ESPAÑOLA

부록

GRAMÁTICA
ESPAÑOLA

부록 1 연습문제 정답

1.

[정관사]

1) el	2) el
3) la	4) el
5) la	6) el
7) el 또는 la	8) el 또는 la
9) la	10) la

[부정관사]

1) una	2) un
3) una	4) un
5) una	6) un
7) un 또는 una	8) un 또는 una
9) una	10) una

2.

1) canciones

2) lunes

3) cafés

4) jóvenes

5) hoteles

6) ingleses

7) chicos

8) profesores

9) ciudades

10) relojes

제 2 과

1.

1) soy

2) estás

3) es

4) estás

5) está

6) soy

7) es

8) está

9) está

10) es

2.

1) Esta

2) Aquella

3) Esa

4) Esta

5) Esa

6) Aquellas

7) Aquel

8) Estos

9) Aquellos

10) Estas

제 3 과

1.

1) Hablas	2) estudiamos
3) cantan	4) aprendéis
5) come	6) entro
7) viven	8) escribes
9) abrimos	10) bebéis

2.

1) uno bueno → un buen	2) primero → primer
3) grande → gran	4) mal → mala
5) un buen → una buena	6) Alguno → Algún
7) San → Santo	8) ciento → cien

3.

1) unos actores felices	2) esos chicos españoles
3) las casas grandes	4) aquellas niñas guapas
5) unos alumnos franceses	6) las mamás simpáticas
7) estas señoritas amables	8) los caballos blancos
9) aquellos rubíes hermosos	10) los problemas fáciles

4.

1) 새로 지은 집	2) 가난한 남자
3) 몸집이 큰 여자	4) 불쌍한 남자
5) 위대한 여자	6) 오래된 친구
7) 새로 이사한 집	8) 나이 든 친구

제 4 과

1.

1) Puedes	2) cuesta
3) vuelve	4) repite
5) juegan	6) pido
7) seguimos	8) pienso
9) empieza	10) pierden
11) entendemos	12) prefiere
13) Recuerda	14) duerme
15) sirven	

2.

1) está	2) Hay
3) están	4) Hay
5) está	6) hay
7) Está	8) Hay
9) hay	10) está

제 5 과

1.

1) conozco	2) tienes
3) tenemos	4) Hay
5) pone	6) viene
7) sabemos	8) conocemos
9) doy	10) hago

2.

1) La quiero

2) Lo tengo

3) La pones en la mesa

4) Se la escribo

5) Te lo doy

6) Él las abre

7) Ella lo compra

8) La conozco bien

9) Los amamos

10) Ella quiere hablarlo bien 또는

11) Lo conoces 또는 Le conoces

　　Ella lo quiere hablar bien

12) Mis padres me lo regalan

13) La entiendes

14) Las cantamos

15) Se la digo

제 6 과

1.

1) veintisiete

2) treinta y dos

3) cincuenta y cuatro

4) sesenta y nueve

5) ciento cuarenta y seis

6) quinientos ochenta y uno

7) mil setecientos setenta y tres

8) dos mil siete

9) cinco mil novecientos trece

10) catorce mil doscientos once

2.

1) ciento un hombres

2) cien mujeres

3) trescientas alumnas 또는 trescientas estudiantes

4) doscientos sesenta y un soldados

5) veintiún libros

6) mil personas

7) un millón de euros

8) dos millones de ciudadanos

9) treinta y una señoritas

10) tres coma catorce

3.

1) La dos lección

   → La lección dos, La lección segunda 또는 La segunda lección

2) El cuatro capítulo

   → El capítulo cuatro, El cuarto capítulo 또는 El capítulo cuatro

3) la lección tercero

   → la lección tres, la tercera lección 또는 la lección tercera

4) la cinco edición → la quinta edición

5) su diez cumpleaños → su décimo cumpleaños

제 7 과

1.

1) te llamas

2) me llamo

3) os levantáis

4) se sienta

5) nos casamos

6) se despiertan

7) me afeito

8) nos cepillamos

9) te acuestas

10) se lava

2.

1) es

2) de

3) por 또는 en

4) a

5) el 또는 los

6) 필요없음

7) el

8) 필요없음

9) el 또는 필요없음

10) el

3.

1) gusta

2) gustan

3) duelen

4) encantan

5) extraña

6) importa

7) interesa

8) encanta

9) da

10) suena

제 8 과

1.

1) Qué

2) Cuál

3) Cuántos

4) Cuál 또는 Cuáles

5) Quiénes

6) dónde

7) Cuánto

8) Cuántas

9) Cuándo

10) Por qué

11) Adónde

12) Cómo

2.

1) tengo

2) hace

3) Hace

4) tenemos

5) es

6) está

7) Hace

8) Hay

1.

[현재분사]	[과거분사]
1) viendo	visto
2) leyendo	leído
3) diciendo	dicho
4) pidiendo	pedido
5) viniendo	venido
6) oyendo	oído
7) durmiendo	dormido
8) haciendo	hecho
9) yendo	ido
10) abriendo	abierto
11) escribiendo	escrito
12) cayendo	caído
13) poniendo	puesto
14) volviendo	vuelto
15) muriendo	muerto

2.

1) Las ventanas son abiertas por Ana

2) Los papeles son quemados por ellos

3) Los árboles son cortados por él

4) El vaso es roto por el niño

5) Nuestra propuesta es rechazada por ella

제 10 과

1.

1) que
2) más / menos
3) que
4) como
5) el
6) tanto
7) de 또는 en
8) de
9) al
10) que

2.

1) 수동 (비인칭도 가능)
2) 비인칭
3) 수동 (비인칭도 가능)
4) 간접목적대명사 le의 변형
5) 비인칭 (수동도 가능)
6) 수동 (비인칭도 가능)
7) 비인칭
8) 재귀
9) 비인칭
10) 수동 (비인칭도 가능)

제 11 과

1.

1) aquellos
2) aquellos
3) esto
4) eso
5) aquello
6) aquella
7) aquellas
8) aquel
9) aquellas
10) aquella / este

2.

1) mío	2) suyas
3) tuya	4) vuestros
5) los tuyos	6) las vuestras
7) lo tuyo	8) El mío
9) el nuestro	10) la mía

제 12 과

1.

1) llegó	2) vivieron
3) estudié	4) trajo
5) fuisteis	6) tomé
7) quiso	8) hablamos
9) creíste	10) durmió
11) pudieron	12) leí
13) empezasteis	14) estuviste
15) trabajó	

2.

1) he hecho	2) bebimos
3) comimos 또는 hemos comido	4) he mandado
5) puso	6) han venido
7) Has probado	8) tuvimos

제 13 과

1.

1) hacías

2) hablaba

3) escuchábamos

4) tenía

5) iba

6) veía

7) estábamos

8) hablaban

9) podía

10) leía

11) quería

12) viajabais

2.

1) éramos / íbamos (또는 fuimos)

2) comía / entró

3) vi / hablaba

4) llegó / había terminado

5) dijo / había partido

6) era / hacía

3.

1) cuatro más seis son diez

2) veintitrés menos catorce son nueve

3) ocho por nueve son setenta y dos

4) dieciséis entre (또는 dividido por) dos son ocho

5) un tercio 또는 una tercera parte

6) un cuarto 또는 una cuarta parte

제 14 과

1.

1) que

2) que

3) en la que

4) de quien, del que 또는 del cual

5) quienes, que, los que 또는 los cuales

6) Quien 또는 El que

7) quienes 또는 los que

8) por la cual 또는 por la que

9) Lo que

10) por lo que 또는 por lo cual

2.

1) cuyas

2) cuya

3) cuanto

4) cuando

5) donde

6) donde

7) donde

8) como

9) cuantos

10) cuando

제 15 과

1.

1) mejor

2) el peor

3) mejor

4) menor

5) mayores

6) riquísima

7) altísima

8) fortísimo

9) facilísima

10) guapísima

11) más pequeña

12) más grande

2.

1) Lo importante 　　　　　2) lo

3) lo hermoso 　　　　　　　4) lo

5) lo más pronto posible 또는 cuanto antes

6) lo 　　　　　　　　　　　7) lo

8) Lo necesario 　　　　　　9) lo

10) lo

제 16 과

1.

1) volverán 　　　　　　　　2) tendrá

3) será/ Serán 　　　　　　　4) Habrá

5) beberéis 　　　　　　　　6) tendré

7) dirás 　　　　　　　　　　8) vendrá

9) haremos 　　　　　　　　10) deberéis

2.

1) habré leído 　　　　　　　2) sabrán

3) será 　　　　　　　　　　4) habrá llegado

5) tendremos 　　　　　　　6) saldrán

7) se pondrá 　　　　　　　　8) habréis hecho

9) empezaréis 　　　　　　　10) habrá

제 17 과

1.

1) Podría

2) volverían

3) sería / Serían

4) vendría

5) habría

6) molestaría

7) gustaría

8) encantaría

9) haría

10) querría

2.

1) tomarían

2) habrían partido

3) regalaría

4) llamaría

5) habría llegado

6) daría

7) vendría

8) sería 또는 habría sido

9) cumplirían

10) habría hecho

제 18 과

1.

1) hables

2) venga

3) estudiemos

4) quiere

5) olvide

6) vive

7) tengas 또는 tienes

8) diga

9) haga

10) fumen

11) recibas

12) llueva

13) llamo

14) regreses

15) es

16) hablen

17) resolvamos

18) vienen

19) lleguemos

20) visitéis

21) asistas

22) preparemos

제 19 과

1.

1) sepa

2) llegue

3) vuelva

4) conoce

5) hable

6) empiece

7) trate

8) leas

9) habla

10) volvió 또는 había vuelto

11) vengas

12) ayudas

13) llegue

14) estudie

15) llegó

16) entiendan

17) tengamos

18) entienden

19) pase

20) nieva

21) queramos

22) seas

23) llueva

24) pueda

25) sea

제 20 과

1.

1) Habla / Hablemos

2) Come / Coma

3) Diga / Digamos

4) Levántese / Levantaos

5) Vive / Viva

6) Haz / Hagamos

7) Dé / Demos

8) Vete / Vayámonos

9) Ponga / Poned

10) Trae / Traigamos

11) Ven / Venga

12) Siéntese / Sentémonos

13) Salga / Salgamos

14) Tenga / Tened

15) Sea / Sed

2.

1) me lo digas

2) salgas

3) vengáis

4) te sientes

5) me lo des

6) lo hagáis

7) te levantes

8) te pongas

9) tengas cuidado

10) habléis

11) me lo traigas

12) te quedes

제 21 과

1.

1) viniera

2) fumaran

3) estudiáramos

4) quería

5) hablaran

6) vivía 또는 viviría

7) tuvieras

8) regresaras

9) hiciera

10) hablaras

11) recibieras

12) lloviera 또는 llueva

13) llamara

14) olvidara

15) era

16) dijera

17) visitarais

18) vinieran

19) preparáramos

20) resolviéramos

21) asistieras

22) llegáramos

제 22 과

1.

1) supiera

2) llegué

3) tuviera

4) conocía

5) estuviera

6) terminara

7) tratara

8) fuera

9) hablara

10) hayas ayudado

11) llegaras

12) hubieran encontrado

13) hubieras leído

14) estudiara

15) haya viajado

16) hubiera estado

17) volvió 또는 había vuelto

18) viera

19) regresara

20) supiera

21) hubiera tenido

22) dijera

23) compraría

24) pudiera

25) tenía

부록 2 동사변화표

규칙동사들

법	직설법			
동사 \ 시제	현재	단순과거	불완료과거	단순미래
hablar 말하다 hablando hablado	hablo hablas habla hablamos habláis hablan	hablé hablaste habló hablamos hablasteis hablaron	hablaba hablabas hablaba hablábamos hablabais hablaban	hablaré hablarás hablará hablaremos hablaréis hablarán
comer 먹다 comiendo comido	como comes come comemos coméis comen	comí comiste comió comimos comisteis comieron	comía comías comía comíamos comíais comían	comeré comerás comerá comeremos comeréis comerán
vivir 살다 viviendo vivido	vivo vives vive vivimos vivís viven	viví viviste vivió vivimos vivisteis vivieron	vivía vivías vivía vivíamos vivíais vivían	viviré vivirás vivirá viviremos viviréis vivirán

직설법	접속법		명령형
가정미래	현재	불완료과거(-ra형)	
hablaría	hable	hablara	x
hablarías	hables	hablaras	habla
hablaría	hable	hablara	hable
hablaríamos	hablemos	habláramos	hablemos
hablaríais	habléis	hablarais	hablad
hablarían	hablen	hablaran	hablen
comería	coma	comiera	x
comerías	comas	comieras	come
comería	coma	comiera	coma
comeríamos	comamos	comiéramos	comamos
comeríais	comáis	comierais	comed
comerían	coman	comieran	coman
viviría	viva	viviera	x
vivirías	vivas	vivieras	vive
viviría	viva	viviera	viva
viviríamos	vivamos	viviéramos	vivamos
viviríais	viváis	vivierais	vivid
vivirían	vivan	vivieran	vivan

불규칙동사들

법	직설법			
동사＼시제	현재	단순과거	불완료과거	단순미래
andar 걷다 andando andado	ando andas anda andamos andáis andan	anduve anduviste anduvo anduvimos anduvisteis anduvieron	andaba andabas andaba andábamos andabais andaban	andaré andarás andará andaremos andaréis andarán
almorzar 점심 먹다 almorzando almorzado	almuerzo almuerzas almuerza almorzamos almorzáis almuerzan	almorcé almorzaste almorzó almorzamos almorzasteis almorzaron	almorzaba almorzabas almorzaba almorzábamos almorzabais almorzaban	almorzaré almorzarás almorzará almorzaremos almorzaréis almorzarán
buscar 찾다 buscando buscado	busco buscas busca buscamos buscáis buscan	busqué buscaste buscó buscamos buscasteis buscaron	buscaba buscabas buscaba buscábamos buscabais buscaban	buscaré buscarás buscará buscaremos buscaréis buscarán
caber 들어갈 수 있다 cabiendo cabido	quepo cabes cabe cabemos cabéis caben	cupe cupiste cupo cupimos cupisteis cupieron	cabía cabías cabía cabíamos cabíais cabían	cabré cabrás cabrá cabremos cabréis cabrán
caer 떨어지다 cayendo caído	caigo caes cae caemos caéis caen	caí caíste cayó caímos caísteis cayeron	caía caías caía caíamos caíais caían	caeré caerás caerá caeremos caeréis caerán
comenzar 시작하다 comenzando comenzado	comienzo comienzas comienza comenzamos comenzáis comienzan	comencé comenzaste comenzó comenzamos comenzasteis comenzaron	comenzaba comenzabas comenzaba comenzábamos comenzabais comenzaban	comenzaré comenzarás comenzará comenzaremos comenzaréis comenzarán

직설법	접속법		명령형
가정미래	현재	불완료과거(-ra형)	
andaría	ande	anduviera	x
andarías	andes	anduvieras	anda
andaría	ande	anduviera	ande
andaríamos	andemos	anduviéramos	andemos
andaríais	andéis	anduvierais	andad
andarían	anden	anduvieran	anden
almorzaría	almuerce	almorzara	x
almorzarías	almuerces	almorzaras	almuerza
almorzaría	almuerce	almorzara	almuerce
almorzaríamos	almorcemos	almorzáramos	almorcemos
almorzaríais	almorcéis	almorzarais	almorzad
almorzarían	almuercen	almorzaran	almuercen
buscaría	busque	buscara	x
buscarías	busques	buscaras	busca
buscaría	busque	buscara	busque
buscaríamos	busquemos	buscáramos	busquemos
buscaríais	busquéis	buscarais	buscad
buscarían	busquen	buscaran	busquen
cabría	quepa	cupiera	x
cabrías	quepas	cupieras	cabe
cabría	quepa	cupiera	quepa
cabríamos	quepamos	cupiéramos	quepamos
cabríais	quepáis	cupierais	cabed
cabrían	quepan	cupieran	quepan
caería	caiga	cayera	x
caerías	caigas	cayeras	cae
caería	caiga	cayera	caiga
caeríamos	caigamos	cayéramos	caigamos
caeríais	caigáis	cayerais	caed
caerían	caigan	cayeran	caigan
comenzaría	comience	comenzara	x
comenzarías	comiences	comenzaras	comienza
comenzaría	comience	comenzara	comience
comenzaríamos	comencemos	comenzáramos	comencemos
comenzaríais	comencéis	comenzarais	comenzad
comenzarían	comiencen	comenzaran	comiencen

법	직설법			
동사 　　시제	현재	단순과거	불완료과거	단순미래
conducir 운전하다 conduciendo conducido	conduzco conduces conduce conducimos conducís conducen	conduje condujiste condujo condujimos condujisteis condujeron	conducía conducías conducía conducíamos conducíais conducían	conduciré conducirás conducirá conduciremos conduciréis conducirán
conocer 알다 conociendo conocido	conozco conoces conoce conocemos conocéis conocen	conocí conociste conoció conocimos conocisteis conocieron	conocía conocías conocía conocíamos conocíais conocían	conoceré conocerás conocerá conoceremos conoceréis conocerán
construir 건설하다 construyendo construido	construyo construyes construye construimos construís construyen	construí construiste construyó construimos construisteis construyeron	construía construías construía construíamos construíais construían	construiré construirás construirá construiremos construiréis construirán
creer 믿다 creyendo creído	creo crees cree creemos creéis creen	creí creíste creyó creímos creísteis creyeron	creía creías creía creíamos creíais creían	creeré creerás creerá creeremos creeréis creerán
dar 주다 dando dado	doy das da damos dais dan	di diste dio dimos disteis dieron	daba dabas daba dábamos dabais daban	daré darás dará daremos daréis darán
decir 말하다 diciendo dicho	digo dices dice decimos decís dicen	dije dijiste dijo dijimos dijisteis dijeron	decía decías decía decíamos decíais decían	diré dirás dirá diremos diréis dirán

직설법	접속법		명령형
가정미래	현재	불완료과거(-ra형)	
conduciría	conduzca	condujera	x
conducirías	conduzcas	condujeras	conduce
conduciría	conduzca	condujera	conduzca
conduciríamos	conduzcamos	condujéramos	conduzcamos
conduciríais	conduzcáis	condujerais	conducid
conducirían	conduzcan	condujeran	conduzcan
conocería	conozca	conociera	x
conocerías	conozcas	conocieras	conoce
conocería	conozca	conociera	conozca
conoceríamos	conozcamos	conociéramos	conozcamos
conoceríais	conozcáis	conocierais	conoced
conocerían	conozcan	conocieran	conozcan
construiría	construya	construyera	x
construirías	construyas	construyeras	construye
construiría	construya	construyera	construya
construiríamos	construyamos	construyéramos	construyamos
construiríais	construyáis	construyerais	construid
construirían	construyan	construyeran	construyan
creería	crea	creyera	x
creerías	creas	creyeras	cree
creería	crea	creyera	crea
creeríamos	creamos	creyéramos	creamos
creeríais	creáis	creyerais	creed
creerían	crean	creyeran	crean
daría	dé	diera	x
darías	des	dieras	da
daría	dé	diera	dé
daríamos	demos	diéramos	demos
daríais	deis	dierais	dad
darían	den	dieran	den
diría	diga	dijera	x
dirías	digas	dijeras	di
diría	diga	dijera	diga
diríamos	digamos	dijéramos	digamos
diríais	digáis	dijerais	decid
dirían	digan	dijeran	digan

법	직설법			
동사 \ 시제	현재	단순과거	불완료과거	단순미래
despertar 깨우다 despertando despertado	despierto despiertas despierta despertamos despertáis despiertan	desperté despertaste despertó despertamos despertasteis despertaron	despertaba despertabas despertaba despertábamos despertabais despertaban	despertaré despertarás despertará despertaremos despertaréis despertarán
doler 아프다 doliendo dolido	duelo dueles duele dolemos doléis duelen	dolí doliste dolió dolimos dolisteis dolieron	dolía dolías dolía dolíamos dolíais dolían	doleré dolerás dolerá doleremos doleréis dolerán
dormir 자다 durmiendo dormido	duermo duermes duerme dormimos dormís duermen	dormí dormiste durmió dormimos dormisteis durmieron	dormía dormías dormía dormíamos dormíais dormían	dormiré dormirás dormirá dormiremos dormiréis dormirán
empezar 시작하다 empezando empezado	empiezo empiezas empieza empezamos empezáis empiezan	empecé empezaste empezó empezamos empezasteis empezaron	empezaba empezabas empezaba empezábamos empezabais empezaban	empezaré empezarás empezará empezaremos empezaréiss empezarán
encontrar 발견하다 encontrando encontrado	encuentro encuentras encuentra encontramos encontráis encuentran	encontré encontraste encontró encontramos encontrasteis encontraron	encontraba encontrabas encontraba encontrábamos encontrabais encontraban	encontraré encontrarás encontrará encontraremos encontraréis encontrarán
entender 이해하다 entendiendo entendido	entiendo entiendes entiende entendemos entendéis entienden	entendí entendiste entendió entendimos entendisteis entendieron	entendía entendías entendía entendíamos entendíais entendían	entenderé entenderás entenderá entenderemos entenderéis entenderán

직설법	접속법		명령형
가정미래	현재	불완료과거(-ra형)	
despertaría	despierte	despertara	x
despertarías	despiertes	despertaras	despierta
despertaría	despierte	despertara	despierte
despertaríamos	despertemos	despertáramos	despertemos
despertaríais	despertéis	despertarais	despertad
despertarían	despierten	despertaran	despierten
dolería	duela	doliera	x
dolerías	duelas	dolieras	duele
dolería	duela	doliera	duela
doleríamos	dolamos	doliéramos	dolamos
doleríais	doláis	dolierais	doled
dolerían	duelan	dolieran	duelan
dormiría	duerma	durmiera	x
dormirías	duermas	durmieras	duerme
dormiría	duerma	durmiera	duerma
dormiríamos	durmamos	durmiéramos	durmamos
dormiríais	durmáis	durmierais	dormid
dormirían	duerman	durmieran	duerman
empezaría	empiece	empezara	x
empezarías	empieces	empezaras	empieza
empezaría	empiece	empezara	empiece
empezaríamos	empecemos	empezáramos	empiecemos
empezaríais	empecéis	empezarais	empezad
empezarían	empiecen	empezaran	empiecen
encontraría	encuentre	encontrara	x
encontrarías	encuentres	encontraras	encuentra
encontraría	encuentre	encontrara	encuentre
encontraríamos	encontremos	encontráramos	encontremos
encontrarías	encontréis	encontrarais	encontrad
encontrarían	encuentren	encontraran	encuentren
entendería	entienda	entendiera	x
entenderías	entiendas	entendieras	entiende
entendería	entienda	entendiera	entienda
entenderíamos	entendamos	entendiéramos	entendamos
entenderíais	entendáis	entendierais	entended
entenderían	entiendan	entendieran	entiendan

법	직설법			
동사 \ 시제	현재	단순과거	불완료과거	단순미래
enviar 보내다 enviando enviado	envío envías envía enviamos enviáis envían	envié enviaste envió enviamos enviasteis enviaron	enviaba enviabas enviaba enviábamos enviabais enviaban	enviaré enviarás enviará enviaremos enviaréis enviarán
estar 있다 estando estado	estoy estás está estamos estáis están	estuve estuviste estuvo estuvimos estuvisteis estuvieron	estaba estabas estaba estábamos estabais estaban	estaré estarás estará estaremos estaréis estarán
haber 있다 habiendo habido	he has ha / hay hemos habéis han	hube hubiste hubo hubimos hubisteis hubieron	había habías había habíamos habíais habían	habré habrás habrá habremos habréis habrán
hacer 하다 haciendo hecho	hago haces hace hacemos hacéis hacen	hice hiciste hizo hicimos hicisteis hicieron	hacía hacías hacía hacíamos hacíais hacían	haré harás hará haremos haréis harán
ir 가다 yendo ido	voy vas va vamos vais van	fui fuiste fue fuimos fuisteis fueron	iba ibas iba íbamos ibais iban	iré irás irá iremos iréis irán
jugar 놀다 jugando jugado	juego juegas juega jugamos jugáis juegan	jugué jugaste jugó jugamos jugasteis jugaron	jugaba jugabas jugaba jugábamos jugabais jugaban	jugaré jugarás jugará jugaremos jugaréis jugarán

직설법	접속법		명령형
가정미래	현재	불완료과거(-ra형)	
enviaría	envíe	enviara	x
enviarías	envíes	enviaras	envía
enviaría	envíe	enviara	envíe
enviaríamos	enviemos	enviáramos	enviemos
enviaríais	enviéis	enviarais	enviad
enviarían	envíen	enviaran	envíen
estaría	esté	estuviera	x
estarías	estés	estuvieras	está
estaría	esté	estuviera	esté
estaríamos	estemos	estuviéramos	estemos
estaríais	estéis	estuvierais	estad
estarían	estén	estuvieran	estén
habría	haya	hubiera	x
habrías	hayas	hubieras	ha
habría	haya	hubiera	haya
habríamos	hayamos	hubiéramos	hayamos
habríais	hayáis	hubierais	habed
habrían	hayan	hubieran	hayan
haría	haga	hiciera	x
harías	hagas	hicieras	haz
haría	haga	hiciera	haga
haríamos	hagamos	hiciéramos	hagamos
haríais	hagáis	hicierais	haced
harían	hagan	hicieran	hagan
iría	vaya	fuera	x
irías	vayas	fueras	ve
iría	vaya	fuera	vaya
iríamos	vayamos	fuéramos	vayamos
iríais	vayáis	fuerais	id
irían	vayan	fueran	vayan
jugaría	juegue	jugara	x
jugarías	juegues	jugaras	juega
jugaría	juegue	jugara	juegue
jugaríamos	juguemos	jugáramos	juguemos
jugaríais	juguéis	jugarais	jugad
jugarían	jueguen	jugaran	jueguen

법	직설법			
동사 \ 시제	현재	단순과거	불완료과거	단순미래
leer 읽다 leyendo leído	leo lees lee leemos leéis leen	leí leíste leyó leímos leísteis leyeron	leía leías leía leíamos leíais leían	leeré leerás leerá leeremos leeréis leerán
llegar 도착하다 llegando llegado	llego llegas llega llegamos llegáis llegan	llegué llegaste llegó llegamos llegasteis llegaron	llegaba llegabas llegaba llegábamos llegabais llegaban	llegaré llegarás llegará llegaremos llegaréis llegarán
morir 죽다 muriendo muerto	muero mueres muere morimos morís mueren	morí moriste murió morimos moristeis murieron	moría morías moría moríamos moríais morían	moriré morirás morirá moriremos moriréis morirán
oír 듣다 oyendo oído	oigo oyes oye oímos oís oyen	oí oíste oyó oímos oísteis oyeron	oía oías oía oíamos oíais oían	oiré oirás oirá oiremos oiréis oirán
pagar 지불하다 pagando pagado	pago pagas paga pagamos pagáis pagan	pagué pagaste pagó pagamos pagasteis pagaron	pagaba pagabas pagaba pagábamos pagabais pagaban	pagaré pagarás pagará pagaremos pagaréis pagarán
pedir 요청하다 pidiendo pedido	pido pides pide pedimos pedís piden	pedí pediste pidió pedimos pedisteis pidieron	pedía pedías pedía pedíamos pedíais pedían	pediré pedirás pedirá pediremos pediréis pedirán

직설법	접속법		명령형
가정미래	현재	불완료과거(-ra형)	
leería	lea	leyera	x
leerías	leas	leyeras	lee
leería	lea	leyera	lea
leeríamos	leamos	leyéramos	leamos
leeríais	leáis	leyerais	leed
leerían	lean	leyera	lean
llegaría	llegue	llegara	x
llegarías	llegues	llegaras	llega
llegaría	llegue	llegara	llegue
llegaríamos	lleguemos	llegáramos	lleguemos
llegaríais	lleguéis	llegarais	llegad
llegarían	lleguen	llegaran	lleguen
moriría	muera	muriera	x
morirías	mueras	murieras	muere
moriría	muera	muriera	muera
moriríamos	muramos	muriéramos	muramos
moriríais	muráis	murierais	morid
morirían	mueran	murieran	mueran
oiría	oiga	oyera	x
oirías	oigas	oyeras	oye
oiría	oiga	oyera	oiga
oiríamos	oigamos	oyéramos	oigamos
oiríais	oigáis	oyerais	oid
oirían	oigan	oyeran	oigan
pagaría	pague	pagara	x
pagarías	pagues	pagaras	paga
pagaría	pague	pagara	pague
pagaríamos	paguemos	pagáramos	paguemos
pagaríais	paguéis	pagarais	pagad
pagarían	paguen	pagaran	paguen
pediría	pida	pidiera	x
pedirías	pidas	pidieras	pide
pediría	pida	pidiera	pida
pediríamos	pidamos	pidiéramos	pidamos
pediríais	pidáis	pidierais	pedid
pedirían	pidan	pidieran	pidan

법	직설법			
동사 　시제	현재	단순과거	불완료과거	단순미래
pensar 생각하다 pensando pensado	pienso piensas piensa pensamos pensáis piensan	pensé pensaste pensó pensamos pensasteis pensaron	pensaba pensabas pensaba pensábamos pensabais pensaban	pensaré pensarás pensará pensaremos pensaréis pensarán
perder 잃다 perdiendo perdido	pierdo pierdes pierde perdemos perdéis pierden	perdí perdiste perdió perdimos perdisteis perdieron	perdía perdías perdía perdíamos perdíais perdían	perderé perderás perderá perderemos perderéis perderán
poder ~할 수 있다 pudiendo podido	puedo puedes puede podemos podéis pueden	pude pudiste pudo pudimos pudisteis pudieron	podía podías podía podíamos podíais podían	podré podrás podrá podremos podréis podrán
poner 놓다 poniendo puesto	pongo pones pone ponemos ponéis ponen	puse pusiste puso pusimos pusisteis pusieron	ponía ponías ponía poníamos poníais ponían	pondré pondrás pondrá pondremos pondréis pondrán
practicar 연습하다 practicando practicado	practico practicas practica practicamos practicáis practican	practiqué practicaste practicó practicamos practicasteis practicaron	practicaba practicabas practicaba practicábamos practicabais practicaban	practicaré practicarás practicará practicaremos practicaréis practicarán
preferir 선호하다 prefiriendo preferido	prefiero prefieres prefiere preferimos preferís prefieren	preferí preferiste prefirió preferimos preferisteis prefirieron	prefería preferías prefería preferíamos preferíais preferían	preferiré preferirás preferirá preferiremos preferiréis preferirán

직설법	접속법		명령형
가정미래	현재	불완료과거(-ra형)	
pensaría	piense	pensara	x
pensarías	pienses	pensaras	piensa
pensaría	piense	pensara	piense
pensaríamos	pensemos	pensáramos	pensemos
pensaríais	penséis	pensarais	pensad
pensarían	piensen	pensaran	piensen
perdería	pierda	perdiera	x
perderías	pierdas	perdieras	pierde
perdería	pierda	perdiera	pierda
perderíamos	perdamos	perdiéramos	perdamos
perderíais	perdáis	perdierais	perded
perderían	pierdan	perdieran	pierdan
podría	pueda	pudiera	x
podrías	puedas	pudieras	puede
podría	pueda	pudiera	pueda
podríamos	podamos	pudiéramos	podamos
podríais	podáis	pudierais	poded
podrían	puedan	pudieran	puedan
pondría	ponga	pusiera	x
pondrías	pongas	pusieras	pon
pondría	ponga	pusiera	ponga
pondríamos	pongamos	pusiéramos	pongamos
pondríais	pongáis	pusierais	poned
pondrían	pongan	pusieran	pongan
practicaría	practique	practicara	x
practicarías	practiques	practicaras	practica
practicaría	practique	practicara	practique
practicaríamos	practiquemos	practicáramos	practiquemos
practicaríais	practiquéis	practicarais	practicad
practicarían	practiquen	practicaran	practiquen
preferiría	prefiera	prefiriera	x
preferirías	prefieras	prefirieras	prefiere
preferiría	prefiera	prefiriera	prefiera
preferiríamos	prefiramos	prefiriéramos	prefiramos
preferiríais	prefiráis	prefirierais	preferid
preferirían	prefieran	prefirieran	prefieran

법	직설법			
시제 동사	현재	단순과거	불완료과거	단순미래
querer 좋아하다 queriendo querido	quiero quieres quiere queremos queréis quieren	quise quisiste quiso quisimos quisisteis quisieron	quería querías quería queríamos queríais querían	querré querrás querrá querremos querréis querrán
recordar 기억하다 recordando recordado	recuerdo recuerdas recuerda recordamos recordáis recuerdan	recordé recordaste recordó recordamos recordasteis recordaron	recordaba recordabas recordaba recordábamos recordabais recordaban	recordaré recordarás recordará recordaremos recordaréis recordarán
repetir 반복하다 repitiendo repetido	repito repites repite repetimos repetís repiten	repetí repetiste repitió repetimos repetisteis repitieron	repetía repetías repetía repetíamos repetíais repetían	repetiré repetirás repetirá repetiremos repetiréis repetirán
saber 알다 sabiendo sabido	sé sabes sabe sabemos sabéis saben	supe supiste supo supimos supisteis supieron	sabía sabías sabía sabíamos sabíais sabían	sabré sabrás sabrá sabremos sabréis sabrán
salir 나가다 saliendo salido	salgo sales sale salimos salís salen	salí saliste salió salimos salisteis salieron	salía salías salía salíamos salíais salían	saldré saldrás saldrá saldremos saldréis saldrán
seguir 계속하다 siguiendo seguido	sigo sigues sigue seguimos seguís siguen	seguí seguiste siguió seguimos seguisteis siguieron	seguía seguías seguía seguíamos seguíais seguían	seguiré seguirás seguirá seguiremos seguiréis seguirán

직설법	접속법		명령형
가정미래	현재	불완료과거(-ra형)	
querría	quiera	quisiera	x
querrías	quieras	quisieras	quiere
querría	quiera	quisiera	quiera
querríamos	queramos	quisiéramos	queramos
querríais	queráis	quisierais	quered
querrían	quieran	quisieran	quieran
recordaría	recuerde	recordara	x
recordarías	recuerdes	recordaras	recuerda
recordaría	recuerde	recordara	recuerde
recordaríamos	recordemos	recordáramos	recordemos
recordaríais	recordéis	recordarais	recordad
recordarían	recuerden	recordaran	recuerden
repetiría	repita	repitiera	x
repetirías	repitas	repitieras	repite
repetiría	repita	repitiera	repita
repetiríamos	repitamos	repitiéramos	repitamos
repetiríais	repitáis	repitierais	repetid
repetirían	repitan	repitieran	repitan
sabría	sepa	supiera	x
sabrías	sepas	supieras	sabe
sabría	sepa	supiera	sepa
sabríamos	sepamos	supiéramos	sepamos
sabríais	sepáis	supierais	sabed
sabrían	sepan	supieran	sepan
saldría	salga	saliera	x
saldrías	salgas	salieras	sal
saldría	salga	saliera	salga
saldríamos	salgamos	saliéramos	salgamos
saldríais	salgáis	salierais	salid
saldrían	salgan	salieran	salgan
seguiría	siga	siguiera	x
seguirías	sigas	siguieras	sigue
seguiría	siga	siguiera	siga
seguiríamos	sigamos	siguiéramos	sigamos
seguiríais	sigáis	siguierais	seguid
seguirían	sigan	siguieran	sigan

법	직설법			
동사　시제	현재	단순과거	불완료과거	단순미래
sentar 앉히다 sentando sentado	siento sientas sienta sentamos sentáis sientan	senté sentaste sentó sentamos sentasteis sentaron	sentaba sentabas sentaba sentábamos sentabais sentaban	sentaré sentarás sentará sentaremos sentaréis sentarán
sentir 느끼다 sintiendo sentido	siento sientes siente sentimos sentís sienten	sentí sentiste sintió sentimos sentisteis sintieron	sentía sentías sentía sentíamos sentíais sentían	sentiré sentirás sentirá sentiremos sentiréis sentirán
ser ~이다 siendo sido	soy eres es somos sois son	fui fuiste fue fuimos fuisteis fueron	era eras era éramos erais eran	seré serás será seremos seréis serán
servir 봉사하다 sirviendo servido	sirvo sirves sirve servimos servís sirven	serví serviste sirvió servimos servisteis sirvieron	servía servías servía servíamos servíais servían	serviré servirás servirá serviremos serviréis servirán
tener 가지다 teniendo tenido	tengo tienes tiene tenemos tenéis tienen	tuve tuviste tuvo tuvimos tuvisteis tuvieron	tenía tenías tenía teníamos teníais tenían	tendré tendrás tendrá tendremos tendréis tendrán
tocar 만지다 tocando tocado	toco tocas toca tocamos tocáis tocan	toqué tocaste tocó tocamos tocasteis tocaron	tocaba tocabas tocaba tocábamos tocabais tocaban	tocaré tocarás tocará tocaremos tocaréis tocarán

직설법	접속법		명령형
가정미래	현재	불완료과거(-ra형)	
sentaría	siente	sentara	x
sentarías	sientes	sentaras	sienta
sentaría	siente	sentara	siente
sentaríamos	sentemos	sentáramos	sentemos
sentaríais	sentéis	sentarais	sentad
sentarían	sienten	sentaran	sienten
sentiría	sienta	sintiera	x
sentirías	sientas	sintieras	siente
sentiría	sienta	sintiera	sienta
sentiríamos	sintamos	sintiéramos	sintamos
sentiríais	sintáis	sintierais	sentid
sentirían	sientan	sintieran	sientan
sería	sea	fuera	x
serías	seas	fueras	sé
sería	sea	fuera	sea
seríamos	seamos	fuéramos	seamos
seríais	seáis	fuerais	sed
serían	sean	fueran	sean
serviría	sirva	sirviera	x
servirías	sirvas	sirvieras	sirve
serviría	sirva	sirviera	sirva
serviríamos	sirvamos	sirviéramos	sirvamos
serviríais	sirváis	sirvierais	servid
servirían	sirvan	sirvieran	sirvan
tendría	tenga	tuviera	x
tendrías	tengas	tuvieras	ten
tendría	tenga	tuviera	tenga
tendríamos	tengamos	tuviéramos	tengamos
tendríais	tengáis	tuvierais	tened
tendrían	tengan	tuvieran	tengan
tocaría	toque	tocara	x
tocarías	toques	tocaras	toca
tocaría	toque	tocara	toque
tocaríamos	toquemos	tocáramos	toquemos
tocaríais	toquéis	tocarais	tocad
tocarían	toquen	tocaran	toquen

법	직설법			
시제 동사	현재	단순과거	불완료과거	단순미래
traer 가져오다 trayendo traído	traigo traes trae traemos traéis traen	traje trajiste trajo trajimos trajisteis trajeron	traía traías traía traíamos traíais traían	traeré traerás traerá traeremos traeréis traerán
venir 오다 viniendo venido	vengo vienes viene venimos venís vienen	vine viniste vino vinimos vinisteis vinieron	venía venías venía veníamos veníais venían	vendré vendrás vendrá vendremos vendréis vendrán
ver 보다 viendo visto	veo ves ve vemos veis ven	vi viste vio vimos visteis vieron	veía veías veía veíamos veíais veían	veré verás verá veremos veréis verán
volver 돌아가다 volviendo vuelto	vuelvo vuelves vuelve volvemos volvéis vuelven	volví volviste volvió volvimos volvisteis volvieron	volvía volvías volvía volvíamos volvíais volvían	volveré volverás volverá volveremos volveréis volverán

직설법	접속법		명령형
가정미래	현재	불완료과거(-ra형)	
traería	traiga	trajera	x
traerías	traigas	trajeras	trae
traería	traiga	trajera	traiga
traeríamos	traigamos	trajéramos	traigamos
traeríais	traigáis	trajerais	traed
traerían	traigan	trajeran	traigan
vendría	venga	viniera	x
vendrías	vengas	vinieras	ven
vendría	venga	viniera	venga
vendríamos	vengamos	viniéramos	vengamos
vendríais	vengáis	vinierais	venid
vendrían	vengan	vinieran	vengan
vería	vea	viera	x
verías	veas	vieras	ve
vería	vea	viera	vea
veríamos	veamos	viéramos	veamos
veríais	veáis	vierais	ved
verían	vean	vieran	vean
volvería	vuelva	volviera	x
volverías	vuelvas	volvieras	vuelve
volvería	vuelva	volviera	vuelva
volveríamos	volvamos	volviéramos	volvamos
volveríais	volváis	volvierais	volved
volverían	vuelvan	volvieran	vuelvan

스페인어 **문법** 기초다지기

초 판 1쇄 발행	2008년 2월 20일
수정판 1쇄 발행	2014년 9월 25일
수정판 2쇄 발행	2015년 8월 5일
수정판 3쇄 발행	2016년 4월 25일
수정판 4쇄 발행	2018년 3월 10일
수정판 5쇄 발행	2020년 3월 25일
수정판 6쇄 발행	2023년 2월 28일

지은이	한국외대 스페인어통번역학과
발행인	고윤성
기획	신선호, 박경민
편집장	장혜정
도서편집	노재은, 변다은
디자인	정정은, 최선아, 김대욱
인사행정	이근영
재무회계	김문규, 정예찬
전자책 · 사전	변다은
발행처	한국외국어대학교 지식출판콘텐츠원
	02450 서울특별시 동대문구 이문로 107
	전화 02)2173-2493~7
	팩스 02)2173-3363
	홈페이지 http://press.hufs.ac.kr
	전자우편 press@hufs.ac.kr
	출판등록 제6-6호(1969. 4. 30)
디자인 · 편집	(주)이환디앤비 02)2254-4301
인쇄 · 제본	(주)케이랩 053)583-6885

ISBN 978-89-7464-481-9 13770   정가 13,000원

*잘못된 책은 교환하여 드립니다.

HU:NE은 한국외국어대학교 지식출판콘텐츠원의 어학도서, 사회과학도서, 지역학 도서 Sub Brand이다. 한국외대의 영문명인 HUFS, 현명한 국제전문가 양성(International+Intelligent)의 의미를 담고 있으며, 휴인(携引)의 뜻인 '이끌다, 끌고 나가다'라는 의미처럼 출판계를 이끄는 리더로서, 혁신의 이미지를 담고 있다.